水中石 编著

精中
神华

世纪文景
Century Literature

世纪出版集团 上海人民出版社

前言

"人是要有一点精神的",曾经是国人耳熟能详的一句名言。

何为精神?大体有如下之意:一是指表现出来的活力,如"精神折冲于千里,文武为宪于万邦"。二是指活跃,如"这孩子真精神"。三是指内容、实质及主要意义,如会议精神、文件精神等。四是指人的意识、思维活动和一般的心理状态。孙中山先生在《军人精神教育》中指出:"至于精神定义若何,欲求精确之界限,固亦非易,然简括言之,第知凡非物质者,即为精神可矣。"我们现在所说的精神,主要指的是最后一部分。

自从盘古开天地,三皇五帝到于今,千百年来,中华民族艰苦奋斗、自强不息的精神深刻地改变着世间万事万物。在改造客观世界的同时也改造着主观世界,从必然走向自由。根植于中华文化的中华民族精神家园在彰显、弘扬中华文化的同时,自有其瑰丽独特之处,可谓之万紫千红，美不胜收。从先天下之忧而忧、后天下之乐而乐到天下兴亡、匹夫有责，从虎门销烟到硬骨头六连，从振兴中华、推翻帝制到辛亥革命、武昌首义，从井冈山到长征路，从延安精神到为人民服务精神，从愚公移山精神到南泥湾精神，从抗日战争到抗美援朝，从红旗渠精神到铁人精神，从雷锋精神到女排精神，从抗洪救灾到抗震救灾，从载人航天精神到世博精神，等等，体现的是民族的魂，展示的是中国人的精、气、神；既是民族的，更是世界的。

基于这种认识，我们收集了中国从古至今、以今为主且流传广泛、为人熟知又有史料支撑的各种精神，大致上进行了分类，以中国革命进程中涌现的革命精神、人文精神、团队精神、人物精神和城市精神等集中展现。

精神离不开物质，但精神可以化为物质，两者的辩证关系在人类社会的发展史上被证明缺一不可。当前，中国社会正处于一个急剧转型时期，浮躁，冷漠，世故，浑噩，一部分人由愤怒之气转而为怨气、怒气、戾气……凡此种种，已经在冲击社会风气、社会秩序及道德的基石、底线，严重影响和干扰经济、社会、文化等方面的发展。

伟大的时代需要伟大的精神，伟大的精神孕育伟大的力量。在人类社会发展的不同阶段，必然会有符合其发展的特点、规律的航标。中华民族的复兴，全面小康社会的建设，和谐世界的营造，离不开精神的追求、精神的支撑和包括精神在内的动力源泉。"世界上有两样东西是亘古不变的，一个是高悬在每个人头顶上的日月星辰，一个是深藏在每个人心底的高贵信仰"。（萨特）愿我们彼此以积极的人生观，从容面对周遭一切，有敬畏心，有奋斗精神，谋事、干活、为人，或兼济天下或独善其身，向幸福进发。

目录

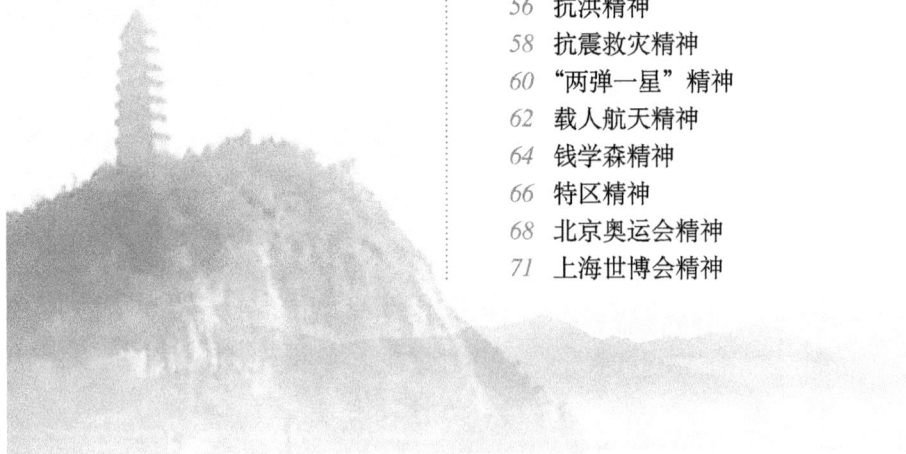

壹

辛亥革命精神
五四精神
北伐精神
井冈山精神
长征精神
遵义会议精神
延安精神
南泥湾精神
沂蒙精神
愚公移山精神
西柏坡精神
红岩精神

【 辛亥革命精神 】

反对专制，建立共和，争取人民民主；
为救国救民而"舍生取义"；
从传统爱国思想转化而来的近代爱国主义；
振兴中华矢志不渝

　　1911年10月10日武昌起义的枪声响起，诸省响应，帝制崩坍终成定局。武昌首义后，湖北军政府建立，《鄂州约法》制定，中华民国临时政府成立，共和制首次在中国成为一个鲜活的事实。

　　辛亥革命前的中国经历了数千年的君主专制社会。专制制度不仅严重阻碍了文明大国的前进步伐，导致整个社会的封闭、停滞，使中国大大落后于西方世界，而且严重地剥夺了民众的自主权利，造成只有封建统治者发号施令而广大人民则"万马齐喑"的局面。

　　以孙中山为代表的具有新思想的知识分子看到了专制统治者勾结帝国主义列强严重阻碍中国社会的进步，尖锐批评"昏昏沉沉而不之醒"的"奴隶根性"的精神状态。宣称：人，生来是自由平等的，无尊卑贵贱之分，皆有追求幸福的权利；国家，是国民自己的，是为国民服务的机关，靠国民来监督和保卫。

辛亥革命带来了一次思想上的大解放，为社会经济发展创造了重要条件，为中华民族共同体的构建作出了积极贡献，为中国共产党的成立准备了条件。没有辛亥革命推翻统治中国几千年的君主专制制度，开创完全意义上的中国近代民族民主革命，也就谈不上革命从旧民主主义向新民主主义的转变。

辛亥革命是中华民族伟大复兴历史进程中一个重要里程碑；今天，我们纪念辛亥革命，深切缅怀孙中山先生等辛亥革命先驱的历史功勋，就是要学习和弘扬辛亥革命精神，激励海内外中华儿女为实现中华民族伟大复兴而共同奋斗。

【 五四精神 】

爱国、进步、民主、科学，彻底地、
不妥协地反帝反封建

1919年5月4日中国爆发了以一批青年知识分子为先锋、广大人民群众参加的彻底反帝反封建的伟大爱国革命运动——五四运动。

五四运动也是一场伟大的思想解放运动和新文化运动。这场运动成为中国旧民主主义革命走向新民主主义革命的转折点。五四运动树立了一座推动中国历史进步的丰碑。五四运动也孕育了"爱国、进步、民主、科学"的伟大精神。其核心是伟大的爱国主义。

五四运动要解决的是民族危亡的问题，五四精神为解决这个历史主题产生了强大推动作用。五四精神反映着五四运动不同于以往中国民主革命的新意，又是五四时期那一代时代先锋的崭新的人格特征。

五四运动是一次前所未有的民族救亡运动。其表现为以下四个统一：一是启蒙与救亡的自觉广泛的统一；二是知识分子与劳动群众的统一；三是刻苦耐劳的精神与进取创新的精神的统一；四是独立自主的精神与无私奉献精神的统一。

五四运动时期的街头爱国主义是五四精神的萌芽，民主与科学是五四精神的核心，勇于探索、敢于创新、解放思想、实行变革是民主与科学提出和实现的途径，理性精神、个性解放、反帝反封建是民主与科学的内容。而所有这些，最终目的都是为了振兴中华民族。因此，纪念五四运动，发扬五四精神，就应该着眼着力着手于振兴中华民族而努力奋斗。 总之，五四精神代表着诚实的、进步的、积极的、自由的、平等的、创造的、美的、善的、和平的、相爱互助的、劳动而愉快的、全社会幸福的统一体。

中国青年自五四运动以来，一直以自己的敏锐和热血青春推动历史进步。同时，青年也与这种进步一道成长，肩负起对国家的历史责任，塑造起具有时代光芒的民族精神。毋庸置疑，取得过巨大光荣的中国青年，必将在新的历史时期，赢得更大的光荣。

【 北伐精神 】

完成国民革命，实现国家的独立和统一

1926年2月，中共召开特别会议，确定北伐。

5月上旬，广东革命政府派遣国民革命军第四军叶挺独立团和第七军一部为北伐先遣队，从广东肇庆出发，挺进湖南，揭开了北伐战争的序幕。

7月9日，广东革命政府在广州东较场（今广东省人民体育场）誓师北伐。北伐战争在"打倒列强，除军阀"的口号声中正式开始。参加北伐战争的国民革命军共八个军，约十万人，蒋介石为总司令。

在北伐军中，周恩来、毛泽东、林伯渠、张太雷、邓中夏、萧楚女、恽代英、李富春、聂荣臻、蒋先云等为代表的共产党人实际上领导了北伐军的全部政治工作，一大批共产党员担任各级党代表或政治处长，或者担任基层指挥员、战斗员，对北伐胜利进军起了重要作用。

在北伐进军中，中国共产党领导工农群众支援战争，有力地配合了北伐进军。1927年初，汉口、九江的工人收回了汉口、九江的英租界。从1926年秋到1927年春，中共中央和上海区委先后领导上海工人举行三次武装起义。农民运动也蓬勃开展，形成了空前的农村大革命形势。中国共产党的各级组织还组织和武装了大批农民自卫军、工人纠察队，用以策应和支援北伐军的行动。

1927年4月12日，以蒋介石为代表的国民党新军阀背叛革命，发动反革命政变，使反帝反封建的北伐战争中途夭折，轰轰烈烈的大革命归于失败。

北伐仅一年时间，基本消灭了军阀吴佩孚、孙传芳的军队，重创了军阀张作霖的军队，沉重地打击了北洋军阀的统治，加速了中国革命历史的进程。北伐战争使共产党深刻认识到建立以共产党领导的无产阶级军队独立开展武装斗争的极端重要性，从而开始走上创建中国工农红军，进行土地革命，以农村包围城市，武装夺取国民党政权的另一条革命道路。

北伐战争是国共两党共同进行的一场革命的、正义的战争。两党团结合作、一致对敌，北伐军将士英勇奋战，以鲜血和生命换来了辉煌战果。在不到10个月的时间里，北伐军从广州打到武汉、上海、南京，打垮两大军阀，歼敌数十万，一场规模空前广大的人民革命战争席卷了大半个中国，在中国革命历史上写下了光辉的篇章。

【 井冈山精神 】

坚定不移的革命信念， 坚持党的绝对领导，
密切联系人民群众的思想作风， 一切从实际
出发的思想路线， 艰苦奋斗的作风

    井冈山精神产生于开创井冈山革命根据地的伟大实践。1921年中国共产党建立，从此中国革命的面貌一新。中共一大、二大、三大、四大，以马列主义为指导，结合中国的实际，认真探索民主革命的规律，逐步弄清了新民主主义革命进程中的若干问题，从不同角度深化了对中国民主革命的认识，正确地提出了反帝反封建的民主革命纲领。

    1924年，国共实现第一次合作，工农运动得到大发展。北伐战争节节胜利，沉重打击了帝国主义及北洋军阀的反动统治，锻炼了中国共产党和工人阶级，扩大了党在人民群众中的影响，为即将到来的土地革命准备了条件。但是，1927年，轰轰烈烈的大革命失败了。国民党蒋汪合流，对共产党人和革命群众进行了疯狂的屠戮。

    革命志士的血没有白流，中国共产党从中认识了一定

要掌握枪杆子，有一支自己独立领导的革命军队的重要性和紧迫性。八一南昌起义打响了武装反抗国民党反动派的第一枪，随后发生的秋收起义、广州起义、百色起义等，标志了中国共产党开始创建自己的武装——红军的历史时期。其中，根据中共八七会议的决定，1927年9月9日，毛泽东以中共中央特派员的身份，率领以工农革命军为骨干的五千人发动了秋收起义。由于敌强我弱，起义受挫。是继续强攻大城市长沙，以卵击石，还是转向敌人力量薄弱的地区，暂时保存自己，另谋远图，成了当时问题的焦点。毛泽东力排众议，从敌大我小的实际出发，说服部队向敌人力量弱小的偏僻的农村转移，取道萍乡，沿罗霄山，向南进攻。自文家市放弃打长沙的计划到9月29日永新村三湾改编，一系列决策和行动表明，这支红军力量实际上已经开始踏上了一条中国式的民主革命的独特道路。10月27日，部队服从党组织的领导开到兰花坪茨坪，把革命红旗插上了罗霄山中段的井冈山。

1928年4月，朱德、陈毅率南昌起义残部与毛泽东会师，两军计万余人，改为中国工农红军第四军。从此，在毛泽东、朱德的领导下，井冈山根据地大力发展党组织，深入开展土地革命斗争，巩固扩大红军力量，建立湘赣边界工农政权，成为中国共产党领导的革命武装第一个立足点。它是马列主义与中国革命实际相结合的产物，是中国共产党和人民集体智慧的结晶，是中国共产党领导的民主革命进程中第一座历史丰碑。与此相应，通过艰苦奋斗，开创中国式民主革命道路的革命精神就是井冈山精神。

在巩固和发展井冈山革命根据地的斗争实践中，红军创造了人民军队建设的一系列重要经验，形成了以"胸怀理想、坚定信念，实事求是、勇闯新路，艰苦奋斗、敢于胜利，依靠群众、无私奉献"为主要内容的井冈山精神，对中国革命的进程产生了广泛而深刻的影响。

可以这样概括：

胸怀理想、坚定信念，是井冈山精神的精髓。

实事求是、勇闯新路，是井冈山精神的核心内容。

艰苦奋斗、敢于胜利，是井冈山精神的重要内容。

依靠群众、无私奉献，是井冈山精神在人生观价值观和道德情操上的具体体现。

【 长征精神 】

不怕牺牲、前赴后继，勇往直前、坚韧不拔，
众志成城、团结互助，百折不挠、克服困难

　　1934年10月，第五次反"围剿"战争失败后，中央红
军主力被迫撤离江西革命根据地，准备与二、六军团会
合，沿途突破敌人四道封锁线，兵力损失超过一半。12
月，黎平会议召开后，红军改变会合计划，向贵州腹地进
发。1935年1月，红军攻打娄山关，占领遵义城后，召开政
治局扩大会议，即著名的遵义会议。自此，毛泽东在中央
的领导地位也开始确立。会后，红军四渡赤水、巧渡金沙
江、强渡大渡河、翻越夹金山。6月，与红四方面军会合，
开始与张国焘的分裂主义作斗争，左路军走过人迹罕至的
草地。随后，红一、三军团和军委纵队继续北上，攻克天
险腊子口，翻越六盘山，到达吴起镇与陕北红军会师。
1936年10月中国工农红军第一、二、四方面军在甘肃省会
宁地区会师，红军宣布长征胜利结束。
　　从1934年10月至1936年10月止，中国工农红军离开江西
瑞金进行战略大转移走过了赣、闽、粤、湘等十一个省，

经过了五岭山脉、湘江、乌江、金沙江、大渡河以及雪山草地等万水千山，行程达两万五千里。这就是举世闻名的二万五千里长征。

长征，在人类历史上前所未有，极其伟大。它创造了无与伦比的英雄业绩，谱写了惊天地、泣鬼神的伟大革命诗篇。它是中国革命史上的奇迹，世界军事史上的伟大壮举。它在世界人民的心中，早已成为一部不朽的英雄史诗。"红军不怕远征难，万水千山只等闲。"万里长征不仅留下了渡湘江乌江、四渡赤水、强渡大渡河、过草地、翻雪山等一幅幅鲜活的历史画卷，更为后代留下了不朽的长征精神。

红军指战员在长征途中表现出了对革命理想和事业无比的忠诚、坚定的信念，表现出了不怕牺牲、敢于胜利的无产阶级乐观主义精神，表现出了顾全大局、严守纪律、亲密团结的高尚品德。

长征精神，是中华民族百折不挠、自强不息的民族精神的最高表现，是保证革命和建设事业从弱小走向强大的精神力量。

【 遵义会议精神 】

实事求是，独立自主，坚定信念，
民主团结，务求必胜

　　1935年1月15日至17日，中共中央政治局在贵州遵义召
开了独立自主地解决中国革命问题的一次极其重要的扩大
会议，史称遵义会议。

　　这次会议是在红军第五次反"围剿"失败和长征初期
严重受挫的情况下为了纠正王明"左"倾领导在军事指挥
上的错误，挽救红军和中国革命的危机而召开的。

　　第二次国内革命战争时期，由于王明"左"倾机会主
义路线的影响，使革命根据地日益缩小，中国工农红军被
迫长征。长征初期，博古等领导人在军事上又犯了逃跑主
义错误，使红军蒙受重大损失。在革命的紧急关头，中央
接受了毛泽东的正确意见，放弃向湘西进军计划，改向敌
人薄弱的贵州进军。1935年1月到达黔北重镇遵义，1月15
日中共中央在这里召开了政治局扩大会议，解决迫在眉睫
的军事问题和组织问题。

　　会议肯定了毛泽东为代表的正确军事路线，肯定了毛

泽东等关于红军作战的基本原则，否定了博古、李德等人在军事问题上的一系列错误主张。会议对中央和军委领导成员进行了改组。张闻天代替博古担任中共中央总书记，增选毛泽东为政治局常委，毛泽东、周恩来负责军事指挥。在行军途中又成立了由毛泽东、周恩来、王稼祥组成的三人军事指挥小组，负责指挥红军的军事行动。

遵义会议为中国革命指明了前进的方向。会后，中国工农红军和中国共产党人以无私无畏，勇往直前的精神，战胜无数艰难险阻，最终取得了红军长征的伟大胜利。遵义会议证明中国共产党完全具有独立自主解决自己内部复杂问题的能力，是中国共产党从幼年走向成熟的标志，表明中国共产党已是一个政治上成熟的政党，完全可以独立承担中国革命的重任。

【 延安精神 】

自力更生、艰苦奋斗，全心全意为人民服务，
理论联系实际、不断开拓创新，实事求是

　　延安，举世闻名的中国革命圣地。从1935年到1948
年，中共中央和毛泽东在这里领导、指挥了抗日战争和解
放战争，奠定了中华人民共和国的基石，谱写了可歌可泣
的历史篇章。

　　延安是中国抗日战争的总后方，在极其残酷的条件
下，广大军民开展了自己动手、丰衣足食的大生产运动，
为夺取革命胜利奠定了物质基础；延安是毛泽东思想从形
成、发展到成熟的圣地。

　　毛主席关于中国革命的政治路线问题、军事问题、党
建问题、哲学问题等一系列具有代表性的理论著作大多是
在延安撰写的，党的"七大"把毛泽东思想确立为党的指
导思想也是在这里。在党的历史上，马克思列宁主义同中
国实际相结合的第一次历史性飞跃就是在延安实现的。

　　延安精神是中国共产党在延安整风运动和大生产运动
中形成的，1942年12月，毛主席在陕甘宁边区高级干部会

上，第一次提出了延安精神。

延安是中国革命的圣地，也是延安精神的诞生地。延安精神就其内容来说，主要包括四个方面：第一，坚定正确的政治方向，这是延安精神的灵魂；第二，实事求是的思想路线，这是延安精神的精髓；第三，全心全意为人民服务的根本宗旨，这是延安精神的本质和核心；第四，独立自主、艰苦奋斗的创业精神，这是延安精神的标志。

延安精神是中国共产党、也是中华民族的宝贵精神财富，在中国的革命和建设中发挥了巨大的精神动力作用。它对中国历史发展进程产生着巨大和深远的影响。"延安精神"是党的传家宝，是中华民族宝贵的精神财富。今天的形势和条件同延安时期相比发生了很大变化，但中国共产党人无论现在和将来都要坚持和弘扬"延安精神"。

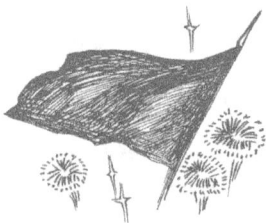

【 南泥湾精神 】

自力更生、艰苦创业，同心同德、团结奋斗

南泥湾是延安的南大门，位于延安城东南45公里处。1941年，为摆脱困境、战胜敌人的封锁，党中央和毛主席号召边区军民积极开展大生产运动。八路军第三五九旅奉命开赴南泥湾屯田垦荒，在"一把镢头一支枪，生产自给保卫党中央"的口号下，指战员披荆斩棘，艰苦奋战，实行战斗、生产、学习三结合，战胜了重重困难，把一个荒无人烟的南泥湾变成了到处是庄稼、遍地是牛羊的"陕北的好江南"，成为全军大生产运动的一面光辉旗帜，也同时创造了宝贵的南泥湾精神。

南泥湾精神，是以八路军第三五九旅为代表的抗日军民在著名的南泥湾大生产运动中创造的，是我军在困境中奋起、在艰苦中发展的强大精神力量。

1941年至1943年的南泥湾大生产，是共产党领导的陕甘宁边区大生产的一面旗帜。它不仅在当时具有重大的历史作用，而且开创性地实践了中国共产党人的艰苦奋斗的精神。

抗日战争进入战略相持阶段以后，在华北解放区疯狂"扫荡"的日寇，无时无刻不在准备突破黄河防线，向陕甘宁边区发动军事进攻，国民党对边区采取的政策是军事上包围、政治上打击、经济上封锁。对于敌人的军事包围和经济封锁，加上连续几年的自然灾害，使边区各方面尤其是经济上的困难非常严重。

面对严重困难，是饿死呢？解散呢？还是自己动手呢？毛主席指出："我们是确信我们能够解决经济困难的，我们对于这方面的一切问题回答就是'自己动手'四个字。"

实行军垦"屯田"政策是朱德总司令首先提出的，他多次赴南泥湾考察，并征求三五九旅王震旅长的意见。

南泥湾精神的宣传推广，极大地激发了抗日军民的生产热情，陕甘宁边区出现了五谷丰登、六畜兴旺、百业繁荣的可喜景象，为中国革命胜利奠定了坚实基础。

【 沂蒙精神 】

爱党爱军、开拓奋进、艰苦创业、无私奉献

　　沂蒙，是一块被鲜血染红的土地。1926年，这里就建立了党的组织，并领导发动了日照、沂水、苍山、龙须崮等暴动，为沂蒙抗日根据地的建立，奠定了坚实的群众基础和组织基础，成为沂蒙精神产生的重要政治条件。八路军第一一五师挺进沂蒙和八路军山东纵队、八路军第一纵队在沂蒙组建，这里成为中国革命的重要战略基地之一。

　　革命战争年代，沂蒙山区420万人，有20万人参军入伍，120万人参战支前，10万先烈血洒疆场，乡乡有红嫂，村村有烈士。与日本侵略者血战到底的"全国抗日楷模村"渊子崖，用乳汁救伤员的"沂蒙红嫂"，支前模范"沂蒙六姐妹"等一大批英雄群体至今让人动容。在血与火的战争年代，英雄的沂蒙儿女以"一口饭，做军粮；一块布，做军装；最后一个儿子，送战场"的爱党爱军、无私奉献精神，将革命一程又一程地推向胜利，谱写了军民血肉相连共同奋战的光辉乐章。

　　新中国成立后，沂蒙人民为取得经济上的翻身，继续发扬战争年代的革命热情和拼命精神，自力更生、艰苦奋斗，积极投身社会主义建设的高潮，努力改造革命老区贫穷落后的面貌。为了改变山区缺水的生产生活条件，并使鲁南苏北免除水患，尽得灌溉之利，从20世纪50年代末到60年代初，沂蒙人民先后建起了44座大中型水库，为此，40万农民自愿离开祖辈居住的家园，搬上了贫瘠的荒山。

党的十一届三中全会拉开了改革开放的序幕。1985年，临沂市被列为全国18个连片扶贫重点地区。"四塞之崮，舟车不通，土货不出，外货不入"，曾是这里真实的写照。临沂人民发扬坚忍不拔的精神，10年奋战，到1995年底，一举在全国18个连片扶贫地区中率先实现了整体脱贫，沂蒙精神又一次得到大发扬。

沂蒙精神诞生于血与火的战争年代，成长发展于社会主义建设时期，在改革开放中进一步升华。

【 愚公移山精神 】

敢想敢干、开拓进取、坚韧不拔、团结奋斗

"太行，王屋二山，方七百里，高万仞，本在冀州之南，河阳之北……"这是一则古老的寓言，大意是：愚公家门前有两大座山挡着路，他决心把山平掉，另一个"聪明"的智叟笑他太傻，认为不能。愚公说："我死了有儿子，儿子死了还有孙子，子子孙孙无穷无尽的，两座山终究会凿平。"后因感动天帝，所以天帝命大力神的两个儿子搬走两座山。比喻只要有毅力就可以成功。

1945年春，在中共"七大"上，毛主席先后三次论述了"愚公移山精神"，并以《愚公移山》为题，把这个寓言故事正式写进闭幕词中。他把"愚公移山精神"概括为四句话："下定决心，不怕牺牲，排除万难，去争取胜利。"从此，愚公移山精神成为激励全党全国人民克服困难争取胜利的强大精神力量。

现今，愚公家乡人民把愚公移山精神阐释为"敢想敢干、开拓进取、坚韧不拔、团结奋斗"，并将其确定为城市精神。河南省委、省政府也将愚公移山精神确立为中原崛起的三大精神支柱之一。

《愚公》名虽"愚"，看似"愚"，实则胸有大志、目光远大；智叟虽称"智"，实则可能是个机械唯物论者。

旧中国的"三座大山"早已被推翻，但在我们面前仍有两座大山，一座叫贫穷，一座叫落后。学习愚公，就要学习他敢想敢干、不满足现状的"敢于挖山"精神；面对前进道路上遇到的困难和挫折，不躲不避，不等不靠，直面现实，主动出击的"主动挖山"精神；坚持不懈，通过一点一点的努力，逐步把美好的理想变成现实的"不懈挖山"精神；团结奋斗，拧成一股绳形成合力的"子子孙孙，无穷匮也"精神。

【 西柏坡精神 】

敢于斗争，敢于胜利；严守纪律，团结一致；
谦虚谨慎，实事求是；依靠群众，为民创业；
艰苦奋斗，不断革命

　　西柏坡，一个永载中国革命史册的名字。西柏坡精神是与西柏坡紧紧连接在一起的，这是因为党中央在西柏坡，党的最后一个农村指挥所在西柏坡，西柏坡同井冈山、延安一样是革命圣地。毛主席和中共中央曾在这里领导了全国的土地改革运动，指挥了震惊中外的辽沈、淮海、平津三大战役，召开了具有伟大历史意义的七届二中全会。伟大的革命实践产生伟大的革命精神。这就是以敢于斗争，敢于胜利；严守纪律，团结一致；谦虚谨慎，实事求是；依靠群众，为民创业；艰苦奋斗，不断革命为主要内涵的西柏坡精神。

　　西柏坡精神是毛主席在西柏坡召开的中国共产党七届二中全会上提出。中共中央在西柏坡时期，是中国革命的伟大历史转折时期，也是民主革命过程中最成功、最辉煌的时期。在西柏坡，中共中央不仅领导新民主主义取得全国胜利，而且为实现党的工作重心从农村到城市、从战争到建设的转变，为从新民主主义向社会主义过渡开辟了通途，是井冈山精神、延安精神的延续和发展。

西柏坡精神是中国无产阶级在革命即将取得全国性胜利的历史转折时期所表现出来的既善于破坏旧世界、又善于建设新世界的革命精神。它既是对中国共产党传统和优良作风的概括和总结，又是中华民族自尊、自信、自强精神在新民主主义革命时期的升华。也是党中央集体智慧的结晶。

西柏坡精神是中国共产党及其领导下的军队和人民，在推翻国民党反动统治、建立和建设新中国的伟大实践中表现出来的革命精神。它既是对中华民族优秀传统和革命精神的继承和发展，又是对未来的昭示，激励人民为建设中国特色社会主义而努力奋斗。

【 红岩精神 】

救亡图存的爱国精神、不畏艰险的奋斗精神、
和衷共济的团结精神、勇于牺牲的奉献精神

    红岩原本是重庆市的一个地名，叫红岩嘴。1939年，
八路军驻重庆办事处和中共中央南方局移居此地后，红岩
这个地名就与中国革命的历史联系在一起。抗战时期，国
共两党共赴国难组成抗日民族统一战线，重庆作为国际性
的城市登上世界政治舞台，在反法西斯战争中成为远东的
指挥中心。在国共两党长达八年合作的历史背景下，以周
恩来为代表的中国共产党人的思想、品行和作为形成了伟
大的红岩精神。

    小说《红岩》描写了重庆解放前夕严酷的地下斗争，
特别是狱中斗争，它的历史背景是1948年至1949年重庆解
放。基本情节以"中美合作所"集中营（包括渣滓洞和白
公馆）内的敌我斗争为中心，交错地展开了我地下党领导
的城市的地下斗争、学生运动、工人运动、狱中斗争以及
华蓥山区的武装斗争，集中描写了革命者为迎接解放、挫
败敌人的垂死挣扎而进行的最后决战。小说《红岩》以及

由此改编的电影《烈火中永生》，歌剧《江姐》，后来的《红岩魂》展览、报告、展演，极大地支撑和扩展着红岩精神！江姐、许云峰成为红岩精神的形象标志，红岩成为重庆的代名词。

1996年，中共重庆市委作出"弘扬红岩精神、塑造当代重庆人"的决定，将"红岩精神"丰富的内涵概括表述为：救亡图存的爱国精神、不畏艰险的奋斗精神、和衷共济的团结精神、勇于牺牲的奉献精神。

红岩精神是中华民族民族精神的重要组成部分，是民族精神、时代精神、共产主义精神的有机统一，是历史留存的宝贵精神财富，更是中华民族的精神瑰宝。

贰

抗美援朝精神

上甘岭精神

北大荒精神

大庆精神

大寨精神

红旗渠精神

"南京路上好八

连"精神

铁人精神

鞍钢精神

硬骨头六连精神

雷锋精神

焦裕禄精神

女排精神

抗洪精神

抗震救灾精神

"两弹一星"精神

载人航天精神

钱学森精神

特区精神

北京奥运会精神

上海世博会精神

【 抗美援朝精神 】

祖国和人民的利益高于一切、为了祖国和民族的尊严而奋不顾身的爱国主义精神，英勇顽强、舍生忘死的革命英雄主义精神，不畏艰难困苦、始终保持高昂士气的革命乐观主义精神，为完成祖国和人民赋予的使命、慷慨奉献自己一切的革命忠诚精神，为了人类和平与正义事业而奋斗的国际主义精神

抗美援朝战争是中国政府应朝鲜民主主义人民共和国的请求，为粉碎以美国为首的"联合国军"对朝鲜的侵犯，保卫中国安全，派出志愿军于1950年10月至1953年7月赴朝进行的战争。

1950年6月25日，朝鲜爆发内战。9月15日，美军由仁川登陆朝鲜，随后与韩军越过三八线，大举北犯，直扑中朝界河鸭绿江。与此同时，美国飞机频繁入侵中国领空，对东北边境城市、乡村进行狂轰滥炸，美海军第7舰队则入侵台湾海峡，阻止中国人民解放军解放台湾。

1950年10月上旬，应朝鲜党和政府的请求，中共中

央、毛泽东主席审时度势，作出决策：组建中国人民志愿军，抗美援朝，保家卫国。彭德怀临危受命，出任中国人民志愿军司令员兼政治委员。

1950年10月19日，中国人民志愿军先头部队跨过鸭绿江，开赴朝鲜战场。他们面临的对手是装备着最强大武器的、以美国为首、由16国军队组成的"联合国军"和韩军。1950年10月25日，志愿军第40军在朝鲜北部温井地区与韩军一部遭遇，将其歼灭，并乘胜攻占温井，由此揭开了抗美援朝战争的序幕。美第八集团军司令沃克对韩军之败不以为然，将自己的部队调至第一线，志愿军第一次战役胜利结束。第二次战役，志愿军歼敌3.6万余人，将敌军由清川江驱至三八线，一举扭转朝鲜战局。美国舆论称："这是珍珠港事件后美国最惨重的军事败绩。"西方世界从此不得不用一种新的眼光来看待新中国和新中国的军队。1950年除夕之夜，志愿军乘胜发起第三次战役，突破三八线，解放汉城。

1951年6月，交战双方百万大军在横贯朝鲜半岛的几百公里战线上，形成对峙。

美方军事上无计可施，却不甘心如此收场。双方打打谈谈，谈谈打打，难以达成协议。美军先后对志愿军发动了"夏季攻势"、"空中绞杀战"、细菌战和"金化攻势"，企图以立体攻势迫使志愿军就范。

在祖国人民的支援下，志愿军武器装备不断改善，愈战愈勇，越战越强。1952年春夏，志愿军发起全线战术反击作战，攻击敌军阵地74次，歼敌2.6万人。1953年7月13日，志愿军发起抗美援朝的最后一战——金城战役。1100余门火炮瞬间齐鸣，仅用 1个小时就突破敌军防御阵地25公里，李承晚军4个师顷刻间土崩瓦解。志愿军的强大战斗力，让敌人惊颤。

历时两年零十七天的朝鲜停战谈判，终于在金城战役的隆隆炮声中达成了全部协议。1953年7月27日，朝鲜交战双方正式签署停战协定。至此，抗美援朝战争胜利结束。

【 上甘岭精神 】

听党指挥、英勇顽强、艰苦奋斗、
团结友爱、严守纪律

上甘岭精神，是中国人民志愿军在抗美援朝战争中锻造的，它展示了人民军队为保家卫国赴汤蹈火、勇于牺牲的高贵品质，成为我军一往无前、勇敢战斗的强大精神力量。

1952年10月8日，以美国为首的"联合国军"单方面中止朝鲜停战谈判，从14日开始发动"金化攻势"，先后使用11个步兵团又两个营、300多门火炮、170多辆坦克、3000多架次飞机对上甘岭地区发动连续猛攻，企图攻下上甘岭，进而夺取五圣山，以改善他们在金化地区的防御态势。战斗历时43天，"联合国军"先后投入6万多兵力，向3.7平方公里的上甘岭阵地发射炮弹190余万发，投掷炸弹5000余枚，山头被削低2米。奉命防守上甘岭的志愿军第十二、十五军各一部官兵发扬英勇顽强的战斗作风，克服缺粮、缺水、缺弹药的严重困难，击退敌人650多次冲击，歼敌25000余人，彻底粉碎了敌人的阴谋，创造了现代战争史上坚守防御作战的奇迹，锻造了"听党指挥、英勇顽强、艰苦奋斗、团结友爱、严守纪律"的上甘岭精神。

上甘岭战斗十分残酷，敌人有时一天打30多万发炮弹，投掷500多枚重型炸弹和凝固汽油弹，阵地成了火海，空气变得灼热，山上的岩石被打得粉碎，但志愿军官兵临危不惧，冲锋陷阵，生命不息，战斗不止。特级英雄黄继光舍身堵枪眼，就是人民军队英勇顽强战斗精神的最高体现。

上甘岭的激战，彻底摧毁了美国军队的企图，朝鲜战局从此稳定在了38度线上。这一战奠定了朝鲜的南疆北界。

20世纪50年代初，毛泽东主席在总结抗美援朝战争经验时曾说："志愿军打败了美国佬，靠的是一股气，美军不行，钢多气少。"这种"气"，就是我军所具有的一往无前的精神，它要压倒一切敌人，而决不被敌人所屈服，不论在任何艰难困苦的场合，只要还有一个人，这个人就要继续战斗下去。志愿军官兵在上甘岭战役中显示出了这种不可战胜的英雄本色。

【 北大荒精神 】

艰苦奋斗、勇于开拓、顾全大局、无私奉献

二十世纪50年代末，我国10万转业官兵在东北三江平原亘古荒原（北大荒）"屯垦戍边"，开启了"向地球开战，向荒原要粮"的伟大创举，半个多世纪以来，几代拓荒人克服了难以想象的艰难困苦，战天斗地、百折不挠，用火热的激情、青春和汗水浇灌边陲曾经荒芜凄凉的土地，实现了从北大荒到北大仓的历史巨变。

今日的北大仓已经成为中国耕地规模最大、机械化程度最高的国营农场群，成为国家重要的商品粮基地、农副产品精深加工基地和外贸出口基地，成为工农商学兵结合、农林牧工副综合经营的社会经济区域。

北大荒精神的主要作用体现为：

导向作用。北大荒精神，是党中央倡导的创业精神在北大荒人身上的具体体现。不论是在艰苦的创业初期，还是在改革开放、发展社会主义市场经济的今天，它始终引导北大荒人大力发展生产力，保持旺盛的革命热情和崇高的革命理想，不断把农垦事业推向前进。

规范作用。近半个世纪的历程，北大荒人始终把国家和集体利益放在首位，为了祖国和人民的利益，为了企业的生存和发展，把个人的理想、信念、追求与祖国和人民的事业紧密地联系在一起，与农垦事业的前途命运联系在一起。在为国家和集体利益的奋斗中实现自身的人生价值。

凝聚作用。北大荒精神把广大拓荒者的意志和行为引向同一目标和同一方向，是北大荒的农垦事业，为国分忧、为民族争气的爱国主义精神，誓把荒原变良田的崇高理想，使拓荒者拥有了一个共同的名字——北大荒人。这种强大的凝聚力使北大荒人成为一支特别能战斗的队伍，也才会创造出"北大荒"变"北大仓"的人间奇迹。

激励作用。北大荒精神具有一种强大的驱动力，它激励北大荒人在开发建设北大荒的壮举中，表现了惊人的创造力，取得了卓越的成就。

辐射作用。北大荒精神的作用，不仅表现在对内功能上，而且表现在对社会广泛的影响力上。周恩来总理曾殷切希望北大荒"出粮食、出经验、出人才"，事实上北大荒人也真正做到了这一点。

【 大庆精神 】

爱国、创业、求实、奉献

　　大庆精神诞生于1959年9月26日松基三井喷油大庆油田发现纪念日。大庆精神始终伴随着大庆油田的开发建设而不断丰富完善。

　　20世纪50年代末60年代初，新中国面临严峻的考验，国际敌对势力妄图用石油卡住我们的脖子，三年自然灾害使国民经济受到严重影响，物质条件极端困难。大庆油田，荒野一片，滴水成冰，职工们吃的是苞米面，住的是四壁漏风的马棚。一方面油田地质情况复杂，另一方面我国石油工业基础薄弱，技术力量不足。在这种情况下，有人预言，中国根本没有能力开采出这个大油田。但以铁人王进喜为代表的几万会战职工，经过三年半艰苦卓绝的夺油大战，一举改变了我国石油工业落后的面貌，实现石油产品基本自给，结束了中国人使用"洋油"的时代，促进了我国石油工业的全面发展。

　　大庆油田之所以能够取得举世瞩目的成就，根源在于大庆精神、铁人精神所迸发的巨大文化力，这种文化力最终形成了大庆持续高产、稳产的生产力。石油大会战中，几万名职工为了甩掉石油落后帽子，团结一心、不讲条件、不计报酬、不论职务高低、不分分内分外，与各种各样的困难斗，体现出大庆精神、铁人精神巨大的凝聚力。

1981年12月18日，中共中央转发国家经委党组《关于工业学大庆问题的报告》，以中央文件的形式肯定了国家经委党组对大庆精神的概括，即发愤图强、自力更生、以实际行动为中国人民争气的爱国主义精神和民族自豪感；无所畏惧、勇挑重担、靠自己双手艰苦创业的革命精神；一丝不苟、认真负责、讲究科学、"三老四严"、踏踏实实做好本职工作的求实精神；胸怀全局、忘我劳动、为国家分担困难、不计较个人得失的献身精神。

1989年9月25日，国务院致电祝贺大庆油田发现30周年。电文指出："30年来，大庆油田以马克思列宁主义、毛泽东思想为指针，继承和发扬我们党和人民解放军的优良传统，在社会主义工业建设的实践中，形成了以高度的爱国主义、艰苦创业和求实、献身精神为主要特征的大庆精神。"

【 大寨精神 】

自力更生，艰苦奋斗，爱国家、爱集体的共
产主义风格

　　大寨位于山西省昔阳县大寨乡，地处太行山麓。1964
年"工业学大庆，农业学大寨"活动风靡全国，大寨成为
自力更生进行农田基本建设的样板。

　　建国前，这里穷山恶水，七沟八梁一面坡，自然环境
恶劣，全村700多亩土地分为4700多块，全部斜挂在七沟八
梁一面坡上，是个"山高石头多，出门就爬坡，地无三尺
平，年年灾情多"的地方，人们过着"宿无房，腹无粮，
体无衣"的苦日子。

　　建国后，当地人民当家做了主人，在毛泽东思想的指
引下，以陈永贵、郭凤莲等为带头人的大寨人决心改变落
后的面貌，敢于战天斗地，艰苦奋斗，治山治水，在七沟
八梁一面坡上建设了层层梯田，并通过艰苦劳动引水浇
地，改变了靠天吃饭的状况。1963年，大寨人战胜百年不
遇的大水灾，实现了"三不要、三不少"的誓言：不要国
家救济粮、不要国家救济款、不要国家救济物资；当年社

员口粮不少、社员收入不少、上交国家的统购粮不少。

1964年毛主席发出了"农业学大寨"的号召，大寨就此成为全国农业的一面旗帜。全国掀起了"农业学大寨"的高潮，大寨精神得到发扬，大寨经验得到推广。

大寨人用自己的实际行动张扬了自力更生、艰苦奋斗精神和顽强向困难抗争的坚强意志，并以此极大鼓舞了全国人民，全国许多地方改造自然，兴修水利，大搞农田基本建设，至今仍然施惠百姓。

【 红旗渠精神 】

自力更生，艰苦创业，团结协作，无私奉献

　　20世纪60年代，河南林县人民在悬崖峭壁上建成举世闻名"人工天河"红旗渠。红旗渠动工于1960年，勤劳勇敢的十万林州人民，苦战十个春秋，仅仅靠着一锤一铲和两只手，在太行山悬崖峭壁上修成了全长1500公里的红旗渠，结束了十年九旱、水贵如油的苦难历史。

　　在建渠过程中，林县人民自力更生，自己建造了大部分材料。其中水泥自己制造了5170吨，占总量的77.1%；炸药自己制造了1215吨，占总量的44.3%；石灰自己烧制了14.5万吨，占总量的100%；所用的工具也是自己修的。条件是艰苦的，任务是艰巨的，但林县人民正是靠着自力更生、艰苦创业的精神，在共产党人的带领下，铸了这条人工天河——红旗渠，孕育了"自力更生，艰苦创业，团结协作，无私奉献"的红旗渠精神。

　　红旗渠建成通水40年来，共引水85亿立方米，灌溉面积8000万亩次，增产粮食15.9亿公斤，促进了当地经济和社会事业的发展。在市场经济条件下，红旗渠精神教育和生态旅游功能日益凸现，形成了以红旗渠爱国主义教育游和太行山大峡谷绿色生态游的"一红一绿"交相辉映的旅游品牌。红旗渠年均净创效益4000多万元，40年来共创效益17亿元，相当于建渠总投资的23倍。红旗渠被林州人民称为"生命渠"、"幸福渠"。

红旗渠精神以独立自主为立足点，以艰苦创业、无私奉献为核心，以团结协作的集体主义精神为导向，既继承和发展了中华民族勤劳坚韧的优良传统，又体现了当代中国人的理想信念和不懈追求。

今天的红旗渠，已不是单纯的一项水利工程，它已成为民族精神的一个象征。

【 "南京路上好八连" 精神 】

艰苦奋斗，拒腐蚀、永不沾

1963年，伴随着一部《霓虹灯下的哨兵》，"南京路上好八连"的事迹走进千家万户。

1949年5月27日上海解放，中国人民解放军上海警备区某部第八连随之进驻上海南京路担负警卫和巡逻任务。

上海是一座革命的城市，是中国共产党的诞生地，但旧上海又是"冒险家的乐园"。当时有人预言：南京路是个大染缸，不出三个月，叫他们"红着进来黑着出去"。面对资产阶级腐朽思想和生活方式的诱惑，刚刚从硝烟弥漫的战场上走出来的八连官兵，牢记毛主席"务必使同志们继续保持谦虚、谨慎、不骄、不躁的作风，务必使同志们继续保持艰苦奋斗的作风"的要求，自觉发扬战争年代那股艰苦奋斗的精神和劲头，站稳立场不动摇，酒绿灯红不动心，艰苦朴素不变色，以革命军人的凛然正气，顶住了资产阶级的香风臭气，成为全国全军艰苦奋斗、拒腐防变的一面旗帜，被誉为"霓虹灯下的哨兵"。

1963年4月25日，国防部授予八连"南京路上好八连"

荣誉称号。毛泽东赋诗《八连颂》，给予好八连高度评价。

艰苦奋斗，不为物质利益所诱，不为个人喜好所动，做一颗永不生锈的"螺丝钉"。坚持勤俭建军，勤俭办一切事业，坚决抵制拜金主义、享乐主义和极端个人主义的影响，坚决反对大手大脚、铺张浪费、盲目攀比的不良风气，经得起诱惑，抗得住干扰，真正做到拒腐蚀、永不沾，永葆革命军人的政治本色，是一代代八连官兵始终坚守的精神高地。

【 铁人精神 】

"为祖国分忧、为民族争气"的爱国主义精神；为"早日把中国石油落后的帽子甩到太平洋里去"，"宁肯少活二十年，拼命也要拿下大油田"的忘我拼搏精神；干事业"有条件要上，没有条件创造条件也要上"的艰苦奋斗精神；"要为油田负责一辈子"，"干工作要经得起子孙万代检查"，对工作精益求精，为革命"练一身硬功夫、真本事"的科学求实精神；不计名利，不计报酬，埋头苦干的"老黄牛"精神

　　"铁人"是社会送给石油工人王进喜的雅号，铁人王进喜是"爱国、创业、求实、奉献"的大庆精神的实践者、发扬者，是大庆油田工人阶级的杰出代表。而铁人精神集中体现出我国石油工人精神风貌。
　　铁人王进喜（1923—1970）1960年响应当时石油部的号召，从甘肃玉门带领1205钻井队来到大庆油田参加石油开发大会战，刚到大庆的王进喜就喊出了为革命"有条件

要上，没有条件创造条件也要上"的口号。他带领1205钻井队的几十名硬汉，人拉肩扛卸运钻机，盆端桶提运水抢开钻，只用5天零4小时就打完了大庆会战的第一口油井，创造了当时的最高纪录。在打第二口井时，发生了井喷。为了制服井喷，王进喜顾不上腿伤，跳进齐腰深的泥浆池用身体搅拌泥浆。井喷制服了，可他的伤腿已血肉模糊，泥浆把他的手脚烧起了大泡。当时的会战工委敏锐地抓住这个典型，决定树立王进喜为大庆会战的第一个标兵，发出了"学习铁人王进喜，人人做铁人，为大会战立功"的号召，一时间，一个学铁人做铁人的热潮在油田蓬蓬勃勃地开展起来。

以王进喜为代表的工人阶级那种艰苦创业的精神、忘我拼搏的精神、无私奉献的精神深深感染和叩动着人们的心弦。

铁人精神是大庆精神的典型化、人格化，其主要方面包括："为祖国分忧、为民族争气"的爱国主义精神；为"早日把中国石油落后的帽子甩到太平洋里去"，"宁肯少活二十年，拼命也要拿下大油田"的忘我拼搏精神；干事业"有条件要上，没有条件创造条件也要上"的艰苦奋斗精神；"要为油田负责一辈子"，"干工作要经得起子孙万代检查"，对工作精益求精，为革命"练一身硬功夫、真本事"的科学求实精神；不计名利，不计报酬，埋头苦干的"老黄牛"精神，等等。四十多年来，铁人精神早已家喻户晓，深入人心，成为大庆人的共同理想信念和行为准则。

时代需要铁人精神。铁人精神无论在过去、现在和将来都有着不朽的价值和永恒的生命力。

【 鞍钢精神 】

创新、求实、拼争、奉献

鞍钢，共和国钢铁工业的长子。六十多年来，它不仅为共和国生产了大量精品钢材，也锻炼出一批名满天下的钢铁般的英雄。

1948年，伴着辽沈战役隆隆炮声，鞍钢回到了人民的手中。经历了纷飞的战火，鞍钢已是百孔千疮。一位被留用的外国冶炼专家断言："这里只能种高粱，恢复重建至少需要20年。"然而，新中国的鞍钢第一代工人仅用短短的3年时间，就在一片废墟上建成共和国最大的钢铁联合企业，铸就了一种"创新、求实、拼争、奉献"的鞍钢精神。

1953年10月27日，新中国第一根无缝钢管在鞍钢诞生；11月30日，我国第一根重轨在鞍钢问世；12月19日，我国第一座现代化鞍钢高炉7号高炉流出第一炉铁水。

据统计，1949年到1952年期间，鞍钢累计生产生铁211万吨、钢191.9万吨、钢材109.9万吨，分别占当时全国产量的45.9%、63.58%、46.83%。可以说，当时新中国国民经济恢复建设的一半以上所需钢材是鞍钢供应的。

从六十年前的废墟上开工恢复生产，到今天特大型钢铁联合企业，鞍钢从无到有，从弱到强，鞍钢人在这片土地上创造着奇迹，演绎着传奇。而在背后支撑鞍钢人勇往直前的鞍钢文化，鞍钢精神也经历了一个动态的、开放的、不断变革的无止境过程。50年代初期，老英雄孟泰勤俭持家、艰苦创业，反映了鞍钢人以国为家，替党分忧的高尚情怀；60年代，王崇伦高效快速地提前完成任务，反映了鞍钢人为加速社会主义建设而忘我工作的拼搏精神；80年代改革开放时期，独臂英雄赵成顺致力于技术革新和技术改造，反映了鞍钢人整体文化素质的提高；90年代的国民经济振兴时期，科研先锋鞠幼华潜心于科学研究，标志着知识分子已成为鞍钢人的主群落；今天以邢贵斌、郭明义为代表的鞍钢人，正诠释着创新、求实、拼争、奉献的鞍钢精神。

　　六十年来，鞍钢人把"创新、求实、拼争、奉献"的鞍钢精神不断发扬光大，不仅为国家创造了巨大的物质财富，更积累了宝贵的精神财富。

【 硬骨头六连精神 】

压倒一切敌人的狠劲，坚持到底的后劲，
百折不挠的韧劲

　　中国人民解放军某步兵团第六连，1939年3月以14名红军骨干为基础在河南雄县组建。在抗日战争、解放战争时期，作战137次，用刺刀杀出了"硬骨头"的英名，涌现出刘四虎、尹玉芬、李恩龙、高家凯等15名战斗英雄，荣获"英勇善战，杀敌先锋"等荣誉和"战斗模范连"称号。

　　共和国建立后，六连出色地完成了剿匪反霸、抗美援朝、战备训练、抢险救灾、施工生产等任务。1962年，开赴东南沿海地区执行任务，以"战备思想硬，战斗作风硬，军事技术硬，军政纪律硬"而闻名。1964年1月，国防部授予该连硬骨头六连荣誉称号。叶剑英、刘伯承、贺龙、徐向前、聂荣臻等先后为之题词嘉勉。

　　1984年1月，中央军事委员会赠予该连"发扬硬骨头精神，开创连队建设新局面"的锦旗。

　　1984年，第六连在老山战斗中，敢打善拼，完成坚守1个阵地和收复2个高地的任务，先后打退越军排至营规模的

9次进攻。1985年6月，中央军事委员会授予该连英雄硬六连荣誉称号。

1964年和1985年，"硬骨头六连"是全军唯一被国防部和中央军委两次授予荣誉称号的英雄连队。

"压倒一切敌人的狠劲，坚持到底的后劲，百折不挠的韧劲！"这威震敌胆的"三股劲"是"硬骨头六连"战斗年代克敌制胜的"法宝"。进入新的历史时期，六连官兵在科技强军的道路上又形成了"新三股劲"：敢于攀登科技高峰，不怕一切风险和困难的狠劲；盯牢"打赢"目标，坚持到底百折不挠的恒劲；面对一切困难迎难而上，直至取得最后胜利的拼劲！

【 雷锋精神 】

爱国主义，全心全意为人民服务，干一行爱一行、专一行精一行，锐意进取、自强不息，艰苦奋斗、勤俭节约

雷锋（1940—1962），中国家喻户晓的全心全意为人民服务的楷模，共产主义战士。作为一名普通的中国人民解放军战士，在他22年短暂的一生中助人无数，在平凡的岗位上做出了不平凡的成绩，把有限的生命投入到无限的为人民服务中去。

雷锋的模范事迹和高尚思想在军内外产生巨大影响。雷锋逝世后，毛泽东于1963年3月5日亲笔题词"向雷锋同志学习"，每年3月5日被定为学雷锋纪念日。

雷锋精神的实质和核心是全心全意为人民服务。学习雷锋精神，应该把握五个方面：

一、爱国主义精神。雷锋精神的第一位，是对祖国的热爱，竭尽全力为祖国的繁荣发展贡献自己的智慧和力量。

二、全心全意为人民服务精神。雷锋以服务人民为最大幸福，以帮助他人为最大快乐，这是雷锋精神的典型标识。

三、干一行爱一行、专一行精一行的敬业精神（螺丝钉精神）。雷锋生前做过多种岗位，但是他干一行热爱一行、他干一行精通一行，这一点在今天仍显宝贵，我们需要像雷锋那样立足本职、忠于职守、兢兢业业、精益求精。

四、锐意进取、自强不息的创新精神（钉子精神）。雷锋总是把工作作为一种无穷的动力，钻进去、吃透它，而且还不断地通过学习提升自己、丰富自己。这种刻苦学习、锲而不舍、锐意进取的精神在今天的社会仍值得大力提倡。

五、艰苦奋斗、勤俭节约的创业精神。今天谈"艰苦"的含义，不是要人吃苦受穷，而是重在强调厉行节约、反对浪费，这是由我国人口多、资源和环境承载力有限的客观实际决定的，是实现经济社会可持续发展的必然要求。我国人均耕地面积不足世界平均水平的1/2，人均淡水资源不足1/3，人均林地面积不足1/4，人均矿产资源不足1/2。随着工业化、城镇化的推进，人口增长对资源消耗的"加权效应"将会更加明显地表现出来。这就要求我们实施可持续发展战略，控制人口数量、提高人口素质、调整产业结构、转变经济发展方式，最大限度地提高资源利用效率，减少资源消耗，实现人与自然协调发展。

雷锋精神集中体现了中华民族的优良传统，反映了社会主义和共产主义的价值观和行为准则，成为时代精神文明的同义语、先进文化的表征。

【 焦裕禄精神 】

亲民爱民、艰苦奋斗、科学求实、迎难而
上、无私奉献

焦裕禄（1922—1964），1946年加入中国共产党，
1962年被调到河南省兰考县担任县委书记。时值该县遭受
严重的内涝、风沙、盐碱三害，他坚持实事求是、群众路
线的领导方法，同全县干部和群众一起与深重的自然灾害
进行顽强斗争，努力改变兰考面貌。他身患肝癌，依旧忍
着剧痛，坚持工作，被誉为"党的好干部"、"人民的好
公仆"。

1964年5月14日，焦裕禄被肝癌夺去了生命，年仅42
岁。他临终前对组织上唯一的要求，就是"把我运回兰
考，埋在沙堆上，活着我没有治好沙丘，死了也要看着你
们把沙丘治好"。

1964年11月，中共河南省委号召全省干部学习焦裕禄
忠心耿耿地为党为人民工作的革命精神。1966年2月7日，
《人民日报》发表长篇通讯《县委书记的榜样——焦裕
禄》，全面介绍了焦裕禄的感人事迹，同时还刊登了《向

毛泽东同志的好学生——焦裕禄同志学习》的社论。随后，全国各种报刊先后刊登了数十篇文章通讯，在全国掀起了一个学习焦裕禄的热潮。焦裕禄是各级干部特别是领导干部学习的榜样。焦裕禄精神的影响，已远远跨过了兰考，跨过了河南，催生了一批又一批焦裕禄式的好干部。

2009年，习近平在河南省考察期间专程赴兰考缅怀焦裕禄，并精辟地概括了焦裕禄精神：亲民爱民、艰苦奋斗、科学求实、迎难而上、无私奉献。

【 女排精神 】

无私奉献，团结协作，艰苦创业，自强不息。
简而言之，就是拼搏精神

在中国体育史册中，1981年11月16日是一个特殊的
日子。

这一天，中国女排在日本举行的第三届世界杯女排比
赛上，经过7轮鏖战，先后击败了前苏联、古巴、美国和日
本等强队，以一场不败的战绩无可非议地夺取冠军。

中国女排成为第一支登上世界巅峰的中国三大球队伍。

最后一个球落地，姑娘们抱头痛哭。守在收音机和电
视机前的中国人更是血脉贲张，所有的激情和自豪感在那
一刻喷薄而出。那一夜，北京万人空巷，激动的人们聚集
在天安门广场，彻夜高呼："中国万岁！女排万岁！"

随后，中国女排在1982年的秘鲁世锦赛上再度夺冠，
在1984年的第23届奥运会上实现了三连冠的梦想。在1985
年的第四届世界杯和1986年的第十届世界女排锦标赛上，
中国女排连续二次夺冠。于是，从1981年到1986年，中国
女排创下的世界排球史上第一个"五连冠"，开创了我国

大球翻身的新篇章。

　　一时间，"学习女排、振兴中华"成为最响亮的口号，全社会掀起了一股学习中国女排的热潮。女排精神简而言之，就是拼搏精神。女排精神是在一个特殊的历史阶段产生的，在中国改革开放之初，女排获得世界冠军极大地鼓舞和激励了各行各业的劳动者，人们坚信：只要有信念和拼搏精神，靠自己的艰苦努力，就可以把国家建设得更好。更多的中国人则通过女排精神，真实地体会到一种从未有过的自豪感。一位社会学家指出，"改革开放早期阶段，国人猛地意识到与世界的差距，而变得有些失落和彷徨。因此在这一背景下，'女排精神'广为传颂，其实就是在向国人和全世界庄严宣告中华民族崛起的信心和能力。"

　　女排精神之所以备受推崇，最重要的是那种足以流芳百世的不畏强敌、奋力拼搏的精神，远远比"五连冠"本身更加能鼓舞国人。女排精神不仅成为了中国体育的一面旗帜，更成为整个民族锐意进取、昂首前进的精神动力。

【 抗洪精神 】

万众一心、众志成城，不怕困难、
顽强拼搏，坚韧不拔、敢于胜利

　　1998年夏，我国江南、华南大部分地区及北方局部发
生了有史以来的特大洪水。受灾人数之众，地域之广，历
时之长，世所罕见，在党中央和国务院的英明领导和决策
下，数百万军民众志成城，奋起抗洪，一方有难，八方支
援，中华儿女用钢铁般的意志和大无畏的英雄气概，形成
了伟大的抗洪精神。

　　"抗洪精神"是全国军民以前所未有的凝聚力，战胜
1998年长江、嫩江、松花江等地区特大洪水而形成的崇高
精神。1998年9月29日江泽民在全国抗洪抢险总结表彰大会
上的讲话中，概括出抗洪精神。

　　"九八抗洪精神"的实质是：以公而忘私，舍生忘死
的共产主义精神为灵魂；以人民利益、国家利益、全局利
益至上的大局意识为核心；以团结一致，齐心协力，"一
方有难，八方支援"的社会主义大协作精神为纽带；以不
怕困难，不畏艰险，敢于胜利的革命英雄主义精神为旗

帜；以自强不息、贵公重义、艰苦奋斗、同舟共济、坚韧不拔、自尊自励等传统美德为血脉为营养。是这一切高贵美好的品格在共同抗击自然灾害的殊死搏斗中所形成的交汇点——时代精神和民族精神的交汇点，社会主义和爱国主义、集体主义的交汇点，革命英雄主义和社会主义人道主义的交汇点。它使我们看到，美好的品格和行为一旦集中起来会是多么壮美。亿万人民的力量一旦集中起来会是多么强大。

【 抗震救灾精神 】

自强不息、顽强拼搏，万众一心、
同舟共济，自力更生、艰苦奋斗

　　地震是一种无法抗拒的自然灾难，人类社会必须直面
它。抗震救灾精神体现了中华民族自强不息、顽强拼搏、
百折不挠的大无畏英雄气概。

　　2008年5月12日14时28分，我国汶川县发生了里氏8.0
级特大地震。突如其来的特大地震，使人们在转瞬之间失
去了亲人，失去了朋友，失去了原本美丽的家园。在抗震
救灾中，广大党员干部发挥了先锋模范作用，在危急时刻
挺身而出、冲锋在前，关键时刻在群众中发挥了主心骨作
用；援救部队指战员、武警和消防官兵、矿山救护队、民
兵预备役人员及公安民警等以最快速度奔赴抗震救灾前线，
临危不惧，顽强奋战，发挥了主力军和突击队的重大作用；
全国人民和国际社会道义人士纷纷伸出援助之手，调集大批
人力、物力、财力，有力支援了汶川的抗震救灾。

　　2008年雨雪冰冻灾害、2010年的玉树大地震、2010年
中国西南大干旱等，面对自然灾害，社会各界团结一致、

齐心协力，积极投身到抗震救灾、重建家园的工作中，使抗震救灾精神得到发扬光大。

自强不息，顽强拼搏是战胜一切灾害的强大精神支柱。中华民族历经无数惊涛骇浪，在艰辛磨难中繁衍至今，兴旺发达，得益于自强不息精神。一部中华民族的历史，就是一部与自然灾害抗争的历史。

万众一心、同舟共济是一个民族在一定的利益和目标基础上形成的、促进人们在意志和行动上和谐统一的向心力和凝聚力。在漫长的历史发展过程中，我国各族人民共同劳动、生活和斗争，形成了"万众一心、同舟共济"的民族精神。这种精神在捍卫国家主权、维护民族尊严中发挥了重大作用。是激励全党全军全国各族人民夺取抗震救灾斗争全面胜利的强大动力。

【 "两弹一星"精神 】

热爱祖国、无私奉献，自力更生、
艰苦奋斗，大力协同、勇于登攀

20世纪五六十年代，我国面对严峻的国际形势，为打破核大国的讹诈与垄断，为了世界和平和国家安全，在条件十分艰苦的情况下，党中央高瞻远瞩，果断做出了研制"两弹一星"的战略决策。老一代科学家和广大研制人员发扬"热爱祖国、无私奉献，自力更生、艰苦奋斗，大力协同、勇于攀登"的"两弹一星"精神，风餐露宿，顽强拼搏，团结协作，克服了各种难以想象的艰难险阻，突破了一个又一个技术难关，取得了中华民族为之自豪的伟大成就。

1964年10月16日，原子弹爆炸成功；1967年6月17日，氢弹试验成功；1970年4月24日，人造卫星发射成功。"两弹一星"精神，成为20世纪中国人民自强不息艰苦奋斗的可贵民族精神。

"两弹一星"精神对当时中国发展的意义是：不仅促进了国防事业的发展，而且带动了科技事业的发展；培养了一批吃苦耐劳、勇于创新的科技队伍；极大地增强了中国人民的信心，推动了社会主义事业的发展。

"两弹一星"精神是爱国主义、集体主义、社会主义精神和科学精神活生生的体现。今天，面对世界科技革命的深刻变化和迅猛发展，新一代航天科技工作者继承并发扬老一代科研人员的"两弹一星"精神，紧盯世界航天科技前沿，从高起点出发，经过11年艰苦探索和努力攻关，取得了载人航天飞行的一次又一次的圆满成功。

党的十六大以来，以胡锦涛同志为总书记的党中央，号召大力弘扬以爱国主义为核心的民族精神和以改革创新为核心的时代精神。特别强调，中国改革发展正处于关键时期，现代化建设任务十分繁重。要激励和动员全国各族人民进一步增强使命感和责任感，大力弘扬"两弹一星"精神，爱岗敬业，甘于奉献，严谨细致，团结协作，为全面建设小康社会贡献更多智慧和力量。站在新的历史起点上，传承和弘扬"两弹一星"精神，像当年那样，凭着那么一种干劲、那么一种热情、那么一种奋斗精神，不断把中华民族伟大复兴的崇高事业推向前进。

【 载人航天精神 】

艰苦奋斗的精神，勇于攻坚的精神，开拓创
新的精神，无私奉献的精神
特别能吃苦，特别能战斗， 特别能攻关，
特别能奉献

2005年10月17日，我国自主研制的神舟六号载人飞船顺利返回。喜讯传来，举国欢腾。中共中央、国务院、中央军委对神舟六号载人航天飞行获得圆满成功致电热烈祝贺，全世界中华儿女无不为之感到骄傲和自豪。

神舟六号载人航天飞行圆满成功，标志着我国在发展载人航天技术、进行有人参与的空间试验活动方面取得了又一个具有里程碑意义的重大胜利，是中国人民攀登世界科技高峰的又一伟大壮举，是我国改革开放和现代化建设取得的又一骄人成就，是伟大祖国的荣耀。

继神舟六号载人航天飞行掌握天地往返、神舟七号载人航天飞行出舱活动技术之后，2011年11月成功发射天宫一号目标飞行器和神舟八号飞船，随着神舟八号和天宫一号目标飞行器完成二次"太空相拥"对接，中国航天人突破了载人航天三大基础性技术的最后一项——空间交会对接技术，这是中国载人航天的崭新高度。它意味着，中国已经成功叩开了空间站时代的大门。

俄罗斯从加加林首次载人航天飞行到实现交会对接，经历了三种型号14次飞行；美国从水星到双子星到实现交会对接，共进行25次飞行，其中载人飞行13次。我国用神舟飞船一种型号，进行4次载人飞行后即实现了交会对接。

载人航天工程是当今世界高新技术发展水平的集中体现，是衡量一个国家综合国力的重要标志。在实施载人航天工程的进程中，中国航天人牢记党和人民的重托，满怀为国争光的雄心壮志，自强不息，顽强拼搏，团结协作，开拓创新，取得了一个又一个辉煌成果，也铸就了特别能吃苦、特别能战斗、特别能攻关、特别能奉献的载人航天精神。

伟大的事业孕育伟大的精神。作为以爱国主义为核心的民族精神和以改革创新为核心的时代精神的生动体现，中国航天事业培育和发扬的载人航天精神，已经化为勇于登攀、敢于超越的进取意识，科学求实、严肃认真的工作作风，同舟共济、团结协作的大局观念，淡泊名利、默默奉献的崇高品质。

载人航天精神是党、国家、军队和人民的宝贵精神财富，值得全国人民认真学习和大力弘扬。

【 钱学森精神 】

爱国、奉献、求真、创新

钱学森，1911年12月11日出生于上海，祖籍浙江省杭州市临安县，是中国杰出的爱国科学家，是航空领域、空气动力学学科的第三代擎旗人，是工程控制论的创始人，是二十世纪应用数学和应用力学领域的领军人物。他1934年6月考取清华大学第二届公费留学生，1935年9月进入美国麻省理工学院航空系学习，1936年9月转入美国加州理工学院航空系，成为世界著名空气动力学教授冯·卡门的学生，并很快成为冯·卡门最得意的弟子。先后获航空工程硕士学位和航空、数学博士学位。 1938年7月至1955年8月，钱学森在美国从事空气动力学、固体力学和火箭、导弹等领域研究，并与导师共同完成高速空气动力学问题研究课题和建立"卡门-钱近似"公式，在28岁时就成为世界知名的空气动力学家。2009年10月31日在北京逝世。

钱学森以满腔爱国热情，无私奉献，求真务实，开拓创新，为中国国防科技事业和社会主义现代化建设作出了杰出贡献，建立了卓越功勋，在中国科技界树起了一座丰碑，被誉为"人民科学家"。

爱国情怀：对祖国、对人民无限忠诚、无比热爱，是钱学森爱国主义情怀的核心要素和突出写照。钱学森一生始终将个人理想与祖国命运相结合，将个人选择与社会需要相统一，将个人追求与时代主流相契合。

奉献精神：无私奉献、忘我工作是贯穿钱学森一生的品质风范，是他报效祖国、服务人民的动力之源。钱学森以国忧为己忧，以国富为己任，以国强为己荣，他对祖国科技事业的投入，达到了超凡脱俗的境界。他毅然舍弃专业研究，投身祖国国防科技事业；他淡然面对荣誉地位，科学大师风范可见一斑；他始终关心科教事业，倾心谋划国家长远发展。

严谨求实：钱学森始终坚持科学标准，对待学术实事求是；一直紧跟科技前沿，科学追求永无止境；致力培养科技帅才，惟愿事业后继有人。

创新意识：钱学森勇于探索，开创科学技术新的领域。他总结近代科学技术发展的规律，由此提炼概括出技术科学思想与方法。他将技术科学思想方法推广到其他工程领域，创建了"工程控制论"和"物理力学"两门新的技术科学。

以"爱国、奉献、求实、创新"为标志的钱学森精神，是钱学森留给中华民族的宝贵精神财富，值得广大科教工作者和全体中国人民永远学习并不断发扬光大。

【 特区精神 】

敢闯敢试，敢为天下先

兴办经济特区，是党和国家为推进社会主义改革开放和现代化建设作出的重大决策。1980年8月，国务院正式批准成立深圳经济特区，这是中国成立的第一个经济特区。

深圳经济特区前身为宝安县的县城，人口仅有两万多，是一个经济落后的边陲小县。1978年全县工业总产值仅有6000万元。1980年8月，广东省经济特区管理委员会利用3000万元的银行贷款与部分地方财政，参照"蛇口模式"在罗湖区0.8平方公里的区域兴建金融、商业、旅游住宅设施提供给外商，利用从中赚到的利润继续进行工业园区的基础建设。这种利用银行贷款"滚雪球"式的发展为珠海、汕头的起步建设提供了经验。通过来料加工、补偿贸易、合资经营、合作经营、独资经营和租赁的形式，吸引了大量外资，加速了经济特区的迅猛发展。

改革开放的大潮和市场经济熔炉的锤炼，使深圳从昔日的边陲小县崛起为现代化大城市。三十年来，从引进外资企业，到发展高新技术产业，再到走自主创新之路；从追求速度的跨越式发展到追求经济、社会与生态综合效益的科学发展，一次次发展理念的革新和发展方式的变革，推动着经济特区加快发展、率先发展、协调发展，展现着科学发展的光明前景。经济特区不仅创造了举世惊叹的物质文明奇迹，也创造了支撑特区经济巨人迅速崛起"特区精神"。

2010年5月，深圳市五次党代会将"特区精神"归纳为：

敢闯敢试、敢为天下先的改革精神；海纳百川、兼容并蓄的开放精神；追求卓越、崇尚成功、宽容失败的创新精神；"时间就是金钱、效率就是生命"、"空谈误国、实干兴邦"的创业精神；不畏艰险、敢于牺牲的拼搏精神；团结互助、扶贫济困的关爱精神；顾全大局、对国家和人民高度负责的奉献精神。

在深圳特区建设的发展历程中，创新是永恒的主题。经济特区过去三十年的发展历程已经证明，"敢闯敢试，敢为天下先"的特区精神是特区发展制胜的法宝。

【 北京奥运会精神 】

弘扬团结、友谊、和平的奥林匹克精神；
实践绿色奥运、科技奥运、人文奥运理念；
促进世界各国文化的相互交流、相互借鉴

　　在奥林匹克运动语境中，"奥林匹克精神"有专门的含义。国际奥委会在其《奥林匹克宪章》"奥林匹克主义的原则"条款中有这样一段话："每一个人都应享有从事体育运动的可能性，而不受任何形式的歧视，并体现相互理解、友谊、团结和公平竞争的奥林匹克精神"。显然，《奥林匹克宪章》赋予奥林匹克精神的内容是"相互理解、友谊、团结和公平竞争"。

　　现代奥林匹克运动复兴以来，奥林匹克精神经历了从挑战自我、追求人的身心协调和全面发展到追求运动竞技的人性化、人类文化的多元和谐、人与自然的和谐共存的历史演变。在现代奥林匹克运动的历史上，曾经有"永远争取第一，永远超过别人"的口号。今天，许多有识之士认为仅仅提倡"更快、更高、更强"是远远不够的，必须提倡一种更为人性化的，更为团结的奥林匹克精神。

用1908年美国宾夕法尼亚州大主教主持讲道时的一句话来说，那就是："参与比获胜更重要"。

2001年7月13日，北京在莫斯科举行的国际奥委会第112次全会上，获得2008年奥运会主办权。

2005年6月北京奥组委宣布"同一个世界、同一个梦想"是北京2008年奥运会主题口号。北京奥运会的这一口号体现了奥林匹克精神实质和普遍价值观——团结、友谊、进步、和谐、参与和梦想，表达了全世界在奥林匹克精神的感召下，追求人类美好未来共同愿望。尽管人类肤色不同、语言不同、种族不同，但我们共同分享奥林匹克魅力与欢乐，共同追求着人类和平的理想，我们同属一个世界，我们拥有同样的希望和梦想。

2008年8月8日至8月24日第29届奥运会在北京举行，有204个参赛国家及地区6万多名运动员、教练员和官员参加北京奥运会的28个大项，38个分项的比赛，产生302枚金牌（其中中国获得51枚）。

奥运会期间，胡锦涛主席在接受各国记者联合采访时说："我们认识到，北京奥运会的精神遗产更为持久、更为宝贵。最重要的有三个方面：一是弘扬团结、友谊、和平的奥林匹克精神；二是实践绿色奥运、科技奥运、人文奥运理念；三是促进世界各国文化的相互交流、相互借鉴。我们更加珍惜北京奥运会留给我们的精神遗产，并努力使之发扬光大。"

　　胡锦涛主席的话，完整地诠释了奥运精神之于中国和世界的意义。北京奥运会为人类留下更为持久、更为宝贵的奥运精神。

【 上海世博会精神 】

为国争光的爱国精神，全心为民的服务精神，
团结协作的团队精神，严谨科学的实干精神，
追求卓越的创新精神，爱岗敬业的奉献精神

　　中国2010年上海世界博览会，是我国首次举办的综合性世界博览会，也是第一次在发展中国家举行的注册类世界博览会，百年梦想，2年申办，8年筹备，8个月的精彩盛会，举国关注，举世瞩目，举全国之力，集世界智慧。上海世博会围绕"城市，让生活更美好"的主题，秉承和弘扬理解、沟通、欢聚、合作的世博理念，创造和演绎了一场精彩纷呈、美轮美奂的世界文明大展示，以一届成功、精彩、难忘的世博会胜利载入世博会史册，为祖国和人民赢得了荣耀。

　　这是新中国成立以来我国举办的规模最大、持续时间最长的国际活动——184天里，246个国家和国际组织，7300余万人次参观者，在上海浦江两岸上演了一场人类文明的盛大聚会，奉献了一届成功、精彩、难忘的世界博览会，兑现了"给中国一个机会、世界将添一份异彩"的承诺。

上海世博会的成功举办，实现了中华民族百年世博梦想，向世界展示了中华民族五千年灿烂文明，展示了新中国60年特别是改革开放30多年的辉煌成就，展示了我国各族人民为实现全面建设小康社会目标而团结奋斗的精神风貌，集中反映了世界经济、科技、文化、社会以及生态文明发展的时代潮流，深入探讨了当今世界人类发展面临的共同课题，增进了我国人民同各国各地区人民的相互了解和友谊，提升了我国国际地位和影响力，增强了全国各族人民的民族自豪感、自信心、凝聚力。

　　在上海世博会筹办举办过程中，全体办博人员大力培育和弘扬为国争光的爱国精神，全心为民的服务精神，团结协作的团队精神，严谨科学的实干精神，追求卓越的创新精神，爱岗敬业的奉献精神，为上海世博会取得成功提供了强大精神支撑。

　　上海世博会精神，展现了中华民族的精神追求，体现了社会主义核心价值体系的精神实质，是以爱国主义为核心的民族精神和以改革创新为核心的时代精神的又一次生动体现，是伟大中华民族精神在当代中国的又一次集中展示。

叁

民主精神

民族精神

人文精神

传统文化精神

当代中华民族精神

爱国主义精神

国际主义精神

与时俱进精神

包容精神

批判精神

科学精神

实事求是精神

艰苦奋斗精神

劳模精神

全心全意为人民

服务精神

奉献精神

【 民主精神 】

民主精神就是平等和自由的精神，其还包含有法治精神和妥协精神

平等精神。平等不等于民主，但没有平等绝对没有民主。所谓"平等"，是指人们在社会上处于同等的地位，在政治、经济、文化等各方面享有同等的权利。

在平等的所有含义中，核心是权利的平等。如柏克所言：平等的含义是，"人人享有平等的权利，而不是平等的东西。"当这种平等观同民主制度相融合时，便体现为法律面前人人平等。正是在这个意义上，民主精神首先是一种平等精神。

自由精神。民主所蕴含的自由精神之"自由"，不是认识论意义上的自由，而是作为社会权利的自由。

需要特别指出的是，"自由"并非资产阶级的专利。在著名的《共产党宣言》中，马克思恩格斯便把"自由"二字写在了共产主义的旗帜上。在马克思看来，共产主义是"以每个人的全面而自由的发展为基本原则的社会形式"，"是一个以各个人自由发展为一切人自由发展的条件的联合体"。自由，是民主的起点，也是民主的终点；民主，是自由的体现，也是自由的工具。

法治精神。民主是"多数人的统治"，而这"多数人的统治"则是通过法律制度来运行的，因此在个意义上说没有法治也就谈不上真正的民主。人们常说的"民主与法治是一个硬币的两面"，也就是这个道理。

妥协精神。"妥协"意味大家彼此尊重、彼此承认、彼此敬畏、彼此平等。

【 民族精神 】

以爱国主义为核心的团结统一、爱好和平、
勤劳勇敢、自强不息的伟大民族精神

民族精神是反映在长期的历史进程和积淀中形成的民族意识、民族文化、民族习俗、民族性格、民族信仰、民族宗教，民族价值观念和价值追求等共同特质，是指民族传统文化中维系、协调、指导、推动民族生存和发展的精粹思想，是一个民族生命力、创造力和凝聚力的集中体现，是一个民族赖以生存、共同生活、共同发展的核心和灵魂。

2002年11月8日江泽民在中国共产党第十六次全国代表大会上的报告《全面建设小康社会，开创中国特色社会主义事业新局面》中阐释："民族精神是一个民族赖以生存和发展的精神支撑。一个民族，没有振奋的精神和高尚的品格，不可能自立于世界民族之林。在五千多年的发展中，中华民族形成了以爱国主义为核心的团结统一、爱好和平、勤劳勇敢、自强不息的伟大民族精神。我们党领导人民在长期实践中不断结合时代和社会的发展要求，丰富着这个民族精神。面对世界范围各种思想文化的相互激荡，必须把弘扬和培育民族精神作为文化建设极为重要的任务，纳入国民教育全过程，纳入精神文明建设全过程，使全体人民始终保持昂扬向上的精神状态。"

伟大的中华民族精神，深深根植于延绵数千年的优秀文化传统之中，始终是维系中华各族人民共同生活的精神纽带，支撑中华民族生存发展的精神支柱，推动中华民族走向繁荣、强大的精神动力，是中华民族之魂。千百年来，民族精神薪火相传，越燃越旺。

【 人文精神 】

对人生存价值和意义的肯定与关注，亦即追求人的发展

夏、商、周下迄1840年被称为古代和近代中国，这一历史时期的人文精神也被称为"古代和近代中国人文精神"；把从1840年鸦片战争下迄1911年辛亥革命称为近代中国，并把这一历史时期的人文精神称为"近代中国人文精神"；把从1911年辛亥革命下迄1949年称为现代中国，并把这一历史时期的人文精神称为"现代中国人文精神"；把从1949年迄今称为当代中国，并把这一历史时期的人文精神称为"当代中国人文精神"。

古代中国人文精神：以孔子为代表的包含着尊重人的生命和价值的合理因素。

近代中国人文精神：科学、民主、博爱等等。

现代中国人文精神：人权、平等、个性、自由等等。"五四"运动中提出的著名口号"德先生"（民主）和"赛先生"（科学）。

当代中国人文精神：平等观念，理性、科学和真理等

观念，人格、个性和公正等观念。

尽管以孔子为代表的中国古代乃至近代人文精神包含着尊重人的生命和价值的合理因素，但这种人文精神是基于等级观念和男权中心主义观念之上的。

现代中国社会在精神领域里接纳的主要是欧洲社会在文艺复兴、宗教改革、启蒙运动中形成并发展起来的主导性价值观念，即人权、个性、理性、科学、平等、自由、民主、博爱等等。"五四"运动中提出的"德先生"（民主）和"赛先生"（科学）便是这些价值观念的集中体现。正是这些价值观念，尤其是对"民主"和"科学"的倡导，构成了现代中国人文精神的基本内涵。

当代中国人文精神，第一个方面的要素是平等观念。这种观念不仅包含着男性之间的平等、女性之间的平等，也包含着男性与女性之间的平等；第二个方面的要素是理性、科学和真理等观念；第三个方面的要素是人格、个性和公正等观念。

人文精神的实质，是对人生存价值和意义的肯定与关注，亦即追求人的发展。在社会现代化背景下，确立以人为本理念，提升人的生存价值和意义，必须超越"更多即更好"的物欲观，摆脱拜金主义、消费主义的桎梏，拓展精神生活空间，提升精神生活质量，这是人的持续发展的主要途径。

在西方，一些学者睿智地指出，在物质生活已相当满足的当代，人们应将对生活幸福的追求转向精神生活、社会关系和闲暇方面。改善精神生活，不仅应丰富精神生活内容，更应提高精神生活质量，特别是提升人的精神境界。拓展精神生活空间和提升精神生活质量，是未来人的发展的基本趋势和特征，当然也是当代中国人文精神建构的主要切入点。

建构当代中国人文精神，还必须要尊重科学精神，而不能把两者割裂开来。实际上，在知识经济初露端倪的当代，科学技术的创新不仅成为生产力发展的直接动力，而且将愈来愈缩短劳动时间，拓展人自主活动的空间，从而为人的发展创造条件。因此，在这样的背景下，依据马克思对人的发展条件和途径的理解，科学精神同人文精神一样为人的发展所必需，科学精神内在地包含着人文价值。

【 传统文化精神 】

尊祖宗、重人伦、崇道德、尚礼仪

中国传统文化的基本精神就是中华民族在精神形态上的基本特点。刚健有为、和与中、崇德利用、天人协调，就是中国传统文化的基本精神之所在。

中国的民族精神基本凝结于《周易大传》的两句名言之中，这就是："天行健，君子以自强不息。地势坤，君子以厚德载物"。"自强不息""厚德载物"是中国传统文化的基本精神。

中国传统文化的基本精神可以概括为"尊祖宗、重人伦、崇道德、尚礼仪"，也就是人文主义。这种人文主义表现为：不把人从人际关系中孤立出来，也不把人同自然对立起来；不追求纯自然的知识体系；在价值论上是反功利主义的；致意于做人。中国传统文化的人文精神，给我们民族和国家增添了光辉，也设置了障碍；它向世界传播了智慧之光，也造成了中外沟通的种种隔膜；它是一笔巨大的精神财富，也是一个不小的文化包袱。

中国传统文化的优势在于它从哲学、科学的角度上揭示宇宙、社会、人生的本质和意义的，既是充分说理的，又可以让人进行实证，这些内容不是一般宗教能随便解释得了的。它是一种理性的文化，越是科学发达，人们的文化水准提高，认识能力增强的情况下，越是有利于中国传统文化的传播。在人们没有文化愚昧的情况下，中国传统文化是不易推广与传播的，因为它不具备传播这种文化的软件与硬件。

中国传统文化精神的具体表现形式是：

武术精神。练武，要具备武德。"武"是干戈军旅之事；"德"指道德、品德，它是社会意识形态之一，是调整人们之间以及个人和社会之间的关系的行为准则和规范。

儒家精神。儒家文化象征着东方民族温良气质和优雅风范的珍贵精神遗产，以四书五经为代表的儒家文化几千年来影响着人们的思想，儒家文化强调天人合一，修身齐家治国平天下，使人的内在修养和外在的经世治国达到完美统一。

道家精神。尊重自然，顺应自然是道家思想文化的精髓所在。

禅宗精神。禅宗认定法由"心"生，境由"心"造，而"心"是空寂的，所以"心"所显现的世间一切事物和现象皆虚幻不实。

中华传统文化还包括：古文、诗、词、曲、赋、民族音乐、民族戏剧、曲艺、国画、书法、对联、灯谜、射覆、酒令、歇后语等；传统节日（均按农历）：正月初一春节（农历新年）、正月十五元宵节、四月五日清明节、五月五日端午节、七月七日七夕节、八月十五中秋节、九月九日重阳节、腊月三十除夕以及各种民俗等。

【 当代中华民族精神 】

当代中华民族精神的核心内涵是"八荣"精神：

一、"以热爱祖国为荣"——爱国主义精神；

二、"以服务人民为荣"——服务人民的精神；

三、"以崇尚科学为荣"——科学与学习精神；

四、"以辛勤劳动为荣"——勤劳勇敢精神；

五、"以团结互助为荣"——团结与集体精神；

六、"以诚实守信为荣"——诚信精神；

七、"以遵纪守法为荣"——法治精神；

八、"以艰苦奋斗为荣"——艰苦奋斗精神

　　江泽民在中共十六大报告中指出："在五千多年的发展中，中华民族形成了以爱国主义为核心的团结统一、爱好和平、勤劳勇敢、自强不息的伟大民族精神。"这是对中华民族精神核心内容和基本思想的高度凝练和概括，为我们准确把握中华民族精神提供了正确指南。实则是民族精神的统一归纳。

　　中华民族精神是一个博大精深的思想体系。是以爱国主义为核心的团结统一、爱好和平、勤劳勇敢、自强不息。此外，实事求是的科学精神、舍生忘死的牺牲精神、敬老尊贤的伦理精神、与时俱进的创新精神、艰苦奋斗的创业精神以及天人合一的和合精神等等，都是我们认识和把握中华民族精神的丰富思想材料。

中华民族精神是动员和凝聚全民族为振兴中华而奋斗的强大精神力量。热爱祖国是中华民族的光荣传统。创造中国人民的幸福生活，使中华民族巍然屹立于世界民族之林，是全体中华儿女的共同目标。实现中华民族伟大复兴，离不开全体中华儿女的团结奋斗，也是全体中华儿女义不容辞的职责。在实现中华民族伟大复兴的征程上，我们一定要大力弘扬爱国主义精神，巩固和加强全国各族人民的大团结，巩固和加强海内外中华儿女的大团结，巩固和壮大最广泛的爱国统一战线，促进政党关系、民族关系、宗教关系、阶层关系、海内外同胞关系的和谐，广泛凝聚中华民族一切智慧和力量，团结一切可以团结的力量，万众一心为实现中华民族伟大复兴而奋斗。

【 爱国主义精神 】

以热爱祖国、为国奉献，对国家尽责（天下
兴亡，匹夫有责）为核心，团结统一、爱好
和平、勤劳勇敢、自强不息

    爱国主义是千百年来固定下来的对自己祖国的一种最
深厚的感情。它同为国奉献、对国家尽责紧紧地联系在一
起。爱国主义是一种崇高的思想品德。

    中华民族的历史之所以悠久和伟大，爱国主义作为一
种精神支柱和精神财富发挥了重要的作用。爱国主义是一
种深厚的感情，一种对于自己生长的国土和民族所怀有的
深切的依恋之情。这种感情在历史的长河中，经过千百年
的凝聚，无数次的激发，最终被整个民族的社会心理所认
同，升华为爱国意识，因而它又是一种道德力量，它对国
家、民族的生存和发展具有不可估量的作用。

    为祖国奉献一切的献身精神是中华民族的爱国主义美
德之一。在古代历史上曾涌现出许多著名的爱国者和民族
英雄，如不畏强暴的晏婴，英勇抗击匈奴的卫青、霍去
病，精忠报国的岳飞，"男儿到死心如铁"的辛弃疾，保

卫北京的于谦，抗击倭寇的戚继光，横戈戍边抗清的袁崇焕，少年英雄夏完淳，"也留正气在乾坤"的张煌言，收复台湾的郑成功等等，他们的爱国献身精神至今仍具有巨大的精神感召力，是进行爱国主义教育的好素材。

特别是在近现代的历史上，当中国遭到帝国主义列强的疯狂侵略，出现了亡国灭种的危机时，中华儿女的爱国主义精神更是越加激发而不可动摇，越发显示出它的战斗锋芒和精神力量。从孙中山、黄兴、邹容、秋瑾等资产阶级革命家到李大钊、毛泽东、周恩来、刘少奇、朱德、彭德怀、董必武等无产阶级革命家，都继承了中华民族"以天下为己任"的爱国主义优良传统，将振兴中华的责任置于肩上。

近代以来的中国历史证明，中国共产党在爱国事业方面做出的伟大成就，超过了中国历史上任何阶级和政治集团在这方面曾达到的高度。

【 国际主义精神 】

是国家或团体在对外活动中进行合作的超越
国家界限的一种思想精神

　　"国际主义"这个概念和思想最早是由科学共产主义
的创始人马克思和恩格斯提出来的。"工人没有祖国"，
"全世界无产者联合起来"这两个著名的论断就集中地体
现了国际主义的思想。国际无产阶级团结起来反对国际资
本主义，建立无产阶级专政，实现共产主义，这就是国际
主义的核心内容。

　　列宁较早地提出和使用了"无产阶级国际主义"这一
概念，倡导了"全世界无产者和被压迫民族联合起来"的
著名口号。

　　国际主义精神更是一种和平的精神，有针对性、理智
的精神。它能使人明辨是非，使人明白该如何宽容他人，
该宽容怎样的人。

　　国际主义精神的代表以柯棣华为例：

　　柯棣华，原名德瓦卡纳思·桑塔拉姆·柯棣尼斯，
1910年出生于印度孟买省的一个小镇。柯棣是他的姓，到

中国后为了表示在这里奋斗的决心，又在姓后面加了一个"华"字。1936年，柯棣华从医学院毕业留校当助教。1937年，中国抗战的消息传来，印度国大党决定派一支小型医疗队到中国去，正在准备报考英国皇家医学会的柯棣华毅然决定参加医疗队。1940年3月，柯棣华又进入晋察冀边区，1941年1月，他担任了白求恩国际和平医院院长。柯棣华和同志们不得不一次次放弃建立起来的医院和学校，打着背包在山林中同敌军游击周旋。1942年7月7日柯棣华加入中国共产党。1942年夏，柯棣华的癫痫病发作。聂荣臻鉴于敌后医疗条件太差，劝他去延安或回国治病，他却不顾危险留下工作。同年12月，在写讲义时突然发病，不幸逝世，年仅32岁。

毛主席为柯棣华写了挽词："……全军失一臂助，民族失一友人。柯棣华大夫的国际主义精神，是我们永远不应该忘记的。"

【 与时俱进精神 】

与时俱进是指准确把握时代特征，始终站在时代前列和实践前沿，始终坚持解放思想、实事求是和开拓进取，在大胆探索中继承发展
与时俱进的核心在于创新精神和创新意识

与时俱进是党的十六大提出的全面建设小康社会的奋斗目标的精神体现。党的十六大报告明确指出："坚持党的思想路线，解放思想、实事求是、与时俱进，是我们党坚持先进性和增强创造力的决定性因素。"这就从内涵上丰富和发展了党的思想路线。在世情、国情和党情发生重大变化的今天，在充满机遇和挑战的新世纪，把与时俱进确立为党的思想路线的重要内容，具有重要的实践意义。

把与时俱进确立为党的思想路线的内容，使党的思想路线呈现鲜明的时代性。它昭示中国共产党要把中国特色社会主义事业全面推向前进，必须把握时代变化，紧跟时代步伐，始终站在时代前列。

与时俱进昭示和要求人们要有一种时不我待、不进则退的紧迫感，一种深切的历史忧患意识，一种昂扬向上、

奋发有为的精神状态，一种不甘落后、奋起直追、实现民族复兴的雄心壮志和能力。唯有坚持与时俱进，才能使我们党永葆先进性，带领全国人民实现全面建设小康社会的目标。

与时俱进的核心在于创新精神和创新意识，即要勇于创新。创新是一个民族进步的灵魂，是一个国家兴旺发达的不竭动力，也是一个政党永葆生机的源泉。在世界多极化和经济全球化趋势在曲折中发展、科技进步日新月异、综合国力竞争日趋激烈的国际大背景下，我国正处于从传统农业社会向工业社会和信息社会转型，从计划经济体制向社会主义市场经济体制转轨，从粗放型增长方式向集约型增长方式转变，从以"引进来"为重点的开放战略向坚持"引进来"和"走出去"相结合的开放战略转移的交汇点上。面对这样复杂深刻的历史性大转折，理论创新和实践创新的任务极为紧迫和艰巨。必须弘扬与时俱进的精神，不断推进理论创新，进而通过理论创新推动实践创新，使党的全部理论和工作富于创造性，充满生机和活力。

【 包容精神 】

海纳百川、雍容大度的胸襟和气度，博采众
长、兼容并包的思维方式和精神境界

　　包容，是指以宽阔的胸怀和气度容纳不同的人和事物。从词义上讲，包容有两个含义：一是宽容，一是容纳。杜光庭的《皇后修三元大醮词》："气分二象，垂包容覆载之私。"包容，既可以指人们海纳百川、雍容大度的胸襟和气度，也可以指人们博采众长、兼容并包的思维方式和精神境界，还可以指一个民族、一个地区、一个城市尊重差异、包容多样、和谐共生的文化特质和独特品格。

　　包容精神，是要允许别人跟自己不一样——不一样的思想，不一样的个性，不一样的生活方式等等。宽容精神的核心是思想包容。马克思曾抨击普鲁士的书报检查令："每一滴露水在太阳照耀下都闪烁着无穷无尽的色彩。但是精神的太阳，无论它照耀着多少个体，无论它照耀着什么事物，却只准产生一种色彩，就是官方的色彩！"

　　中国的改革开放和现代化建设，促使社会快速发展，深刻变革，各种矛盾也随之而来，纷繁交织，复杂多变，旧的尚未解决，新的又不断涌现。有些矛盾反向相交，抵消活力，有些矛盾，同向聚集，走向激化。这种新的形势，呼唤着多元竞争的互利有序，多种发展的协调互助，人与自然、人与人之间的和谐共处，这就更需要大力倡导并发扬光大包容精神。

中国共产党在取得中国革命胜利的理论、方针、路线、政策中也深深融入了包容精神，作为取胜三大法宝之一的统一战线就是突出表现。

包容不是无限的，不应不分是非曲直，以至藏污纳垢。限度就是不损害大局利益、国家利益、人民利益。包容对竞争并非一概排斥。因为包容存在的前提是有不同、有矛盾，不同和矛盾必然带来竞争，也只有竞争才能激发生机和活力，才能推动事物前进。包容不应该也不可能排斥竞争，反而应鼓励竞争。

【 批判精神 】

批判精神是人类文明的重要标志之一。批判
精神有力地推动着人类社会的不断进步

　　所谓批判，就是站在一个更高的层面上，对历史或现
实作甄别和审视，对人或事进行分析和解剖，以期发现问
题和解决问题。其最终目的是为了更好的发展，其着眼点
是广阔的未来。批判的充分必要条件，是思想、人格和精
神的独立，因此批判所引申出来的丰富内涵和积极意义，
便远远地大于批判本身。

　　批判，就是直言不讳地发言，坦荡无私地挑刺，胸怀
真理，毫不隐讳，不遮遮掩掩，不含糊其辞，更不模棱两
可。观点的分歧，可以借助批评、批判得到互通有无的进
步。批判是社会发展的助力器，批判也是思想进步的活
水。只有批判，才能促进社会、经济、学术和科技达到更
深层的自由王国。没有不同观点的社会，是令人窒息和不
可思议的。

　　如同一个精神健康的人闻过则喜一样，一个相对民主
健康的社会也包容和原谅对它的批判。历史可以作证，迄

今为止，还没有一个社会，更没有一个"伟人"正确得无以复加，对它或他的批判显而易见才是正确的。但要达到这一点也很难。这就是为什么批判显得像空谷足音，弥足珍贵。对批判所持的不同态度和包容性的大小，几乎可以决定一个人或一个民族社会的发展趋势。没有批判精神的人类，与木偶无异；没有批判精神的社会，是羊群的聚居地；没有批判精神的民族，注定要落后挨打；没有批判精神的人，不是完整意义上的人。

自从人类拥有了批判精神，就仿佛掌握了普罗米修斯盗来的生命之火。正是这把熊熊燃起的火，有力地推动着人类社会的不断进步。中国有"君子和而不同，小人同而不合"的传统观点，只要是正当的、没有夹杂私人恩怨的批评争鸣，在它能够得到越来越多的空间和认同的时候，不仅能推动思想进步，更会培养、激活学术环境中的君子风度。敞开所有问题平等探讨，其实为的是一个共同目标：思想繁荣、观念进步，培养更多敢于直言的社会斗士和儒家风范。从发展的角度而言，它更是思想和社会的精神福音。

【 科学精神 】

实事求是，勇于探索真理和捍卫真理，坚持
以科学的态度看待问题、评价问题而不借用
非科学或者伪科学，包括14个方面的特征：
执著的探索精神、创新改革精神、虚心接受
科学遗产的精神、理性精神、求实精神、求
真精神、实证精神、严格精确的分析精神、
协作精神、民主精神、开放精神、功利精
神、可重复和可检验精神、实践精神

　　科学精神是人们在长期的科学实践活动中形成的共同
信念、价值标准和行为规范的总称。科学精神是指由科学
性质所决定并贯穿于科学活动之中的基本的精神状态和思
维方式，是体现在科学知识中的思想或理念。它一方面
约束科学家的行为，是科学家在科学领域内取得成功的保
证；另一方面，又逐渐地渗入大众的意识深层。
　　科学精神的本质特征是倡导追求真理，鼓励创新，崇
尚理性质疑，恪守严谨缜密的方法，坚持平等自由探索的
原则，强调科学技术要服务于国家民族和全人类的福祉。

科学精神是人类文明中最宝贵的精神财富，它是在人类文明进程当中逐步发展形成的。科学精神源于近代科学的求知求真精神和理性与实证传统，它随着科学实践的不断发展，内涵不断丰富。

　　科学精神集中体现为追求真理，崇尚创新，尊重实践，弘扬理性。科学精神倡导不懈追求真理的信念和捍卫真理的勇气。科学精神坚持在真理面前人人平等，尊重学术自由，用继承与批判的态度不断丰富发展科学知识体系。科学精神鼓励发现和创造新的知识，鼓励知识的创造性应用，尊重已有认识，崇尚理性质疑。科学精神不承认有任何亘古不变的教条，科学有永无止境的前沿。科学精神强调实践是检验真理的标准，要求对任何人所作的研究、陈述、见解和论断进行实证和逻辑的检验。科学精神强调客观验证和逻辑论证相结合的严谨的方法，科学理论必须经受实验、历史和社会实践的检验。

　　在科学技术的物质成就充分彰显的今天，科学精神更具有广泛的社会文化价值。注重创新已经成为最具时代特征的价值取向，崇尚理性已成为广为认同的文化理念，追求社会和谐以及人与自然的协调发展日益成为人类的共同追求。在当代中国，富含科学精神的解放思想、实事求是、与时俱进，已经成为党的思想路线，成为我国人民不断改革创新，开拓进取的强大思想武器。

【 实事求是精神 】

从实际对象出发，探求事物的内部联系及其发展的规律性，认识事物的本质。指按照事物的实际情况说话办事做学问

      中国共产党人在把马克思主义基本原理与中国革命的具体实践相结合的过程中，批判地继承了历史上的"实事求是"，进行了新的科学解释，赋予唯物辩证法的哲学内容。

      延安时期，毛泽东在总结中国共产党的历史经验教训时，借用中国古代提出的"实事求是"口号，在延安整风运动中，系统阐释了实事求是的具体内容。在强调马克思列宁主义的理论和中国革命的实际运动结合起来时，他指出"这种态度，就是实事求是的态度。'实事'就是客观存在着的一切事物，'是'就是客观事物的内部联系，即规律性，'求'就是我们去研究"（《毛泽东选集》第3卷，第801页）。这一科学的阐释，给古老的实事求是赋予了马克思主义哲学内容，使这一口号后来被作为党的思想路线的概括表述。

      实事求是的学风问题，也是党性的表现。实事求是是马克思列宁主义哲学的认识路线、中国共产党的思想路线，也是共产党员的学风、党风、党性。

新时期之初，中央总结建国以来党的成败得失，面对"两个凡是"的错误主张，提出了"解放思想，开动脑筋，实事求是，团结一致向前看"的口号，丰富了"实事求是"思想路线的内涵。进入新世纪，针对世情、国情、党情的深刻变化，中央提出"马克思主义具有与时俱进的理论品质"、"全党同志要坚持马克思主义的科学原理和科学精神，善于把握客观情况的变化，善于总结人民群众在实践中创造的新鲜经验，不断丰富和发展马克思主义理论"、"解放思想，实事求是，与时俱进，开拓创新"等，又进一步丰富了党的思想路线内涵。

党的十一届三中全会重新确立了实事求是的思想路线，为全面改革奠定了思想理论基础。实事求是是毛泽东思想的精髓，是邓小平建设有中国特色社会主义理论的哲学基础。人们对"实事求是"的认识，有一个历史发展过程。对这一认识过程做历史考察，将有利于坚持实事求是的思想路线。从中也可以看出，中国的马克思主义者是如何批判地继承优秀的传统文化的。

从历史上看，每次提出实事求是，都是一次思想解放。实事求是是长期的艰巨过程。毛泽东在革命斗争中，重新解释实事求是，经过延安整风在全党得到普及，指引中国新民主主义革命取得了胜利。但在社会主义革命和建设时期之初，我们所经历的挫折，正是背离了"实事求是"的精神。经过挫折，我们重新恢复实事求是的思想路线。客观事物，包括自然和社会在不断变化发展，要坚持实事求是就要不断地解放思想，不断地解决新问题。坚持实事求是，关键是理论联系实际。道理上承认实事求是固然重要，但更重要的是能否在实际行动中也坚持实事求是。实事求是的思想路线是中国共产党的思想路线，全党要坚持，党的领导机关要坚持，每个党员也应该坚持。

【 艰苦奋斗精神 】

一种斗争精神，不怕艰难困苦，英勇顽强去
战胜困难；一种创业精神，在与艰难困苦作
斗争中，奋发向上，锐意进取，辛勤创业；
一种献身精神，为国家和人民利益乐于奉
献、勇于献身

　　艰苦奋斗是中华民族的传统。中华民族向来以特别能
吃苦耐劳和勤俭持家、讲究节俭著称于世。艰苦奋斗也是
我们党的一大优良传统。

　　从古至今，一个国家，一个民族，在强国富民的创业
过程中，靠的就是艰苦奋斗，勤俭建国。知艰苦，才懂得
要奋斗。耐得艰苦，才能够奋力拼搏。只有时刻信守艰
苦奋斗，才能够取得事业的成功。"艰难困苦，玉汝于
成"，艰苦奋斗是一种信念，是一种精神，是一种志存高
远的抱负。

　　历览前贤与名士，成功无不来自艰苦奋斗。尚武者莫
如勾践，卧薪尝胆，不谓不艰；为学者莫如孙敬、苏秦，
悬梁刺股，不谓不苦；从政者莫如郑燮，"雅斋卧听萧

萧竹，疑是民间疾苦声，些小吾曹州县吏，一枝一叶总关情"。不谓心志不明。古人中不匮淡泊明志的前贤，今人中不乏富不丧志之士。船王包玉刚，塑胶大王王永庆都以节俭奋斗而闻名。一代伟人毛泽东、周恩来、朱德等更是崇尚节俭、奋斗不息的光辉典范。

艰苦奋斗的创业精神激励着人们洗刷掉近代中国的百年耻辱，建立起一个全新的社会。

艰苦奋斗精神不是某个时代特有的精神，而是与人类社会发展同在的。作为一种积极、健康的生活态度，艰苦创业精神是成就事业必不可少的精神力量和崇高的美德。

【 劳模精神 】

主人翁责任感和艰苦创业精神，忘我的劳动
热情和无私奉献精神，良好的职业道德和爱
岗敬业精神
爱岗敬业，争创一流，艰苦奋斗，善于创新，
淡泊名利，甘于奉献（新时代劳模精神）

劳模，即劳动模范的简称。劳动模范是工人阶级的优秀代表，是民族的精英，国家的栋梁，社会的精英，人民的楷模。

"戴花要戴大红花，听话要听党的话……"这支五六十年代的老歌曾激励过那个年代的许多人争戴大红花的热潮，向世人表明：劳动最伟大、劳模最光荣，劳动模范应成为人们心中最耀眼的明星。那个年代涌现出来的李瑞环、倪志福、郝建秀、王进喜、时传祥、张秉贵、向秀丽、郭凤莲、王崇伦等等，带动了整个一代人，他们的精神激励鼓舞和影响了一个时代。他们的事迹激励了一代人去学技术，鼓舞了一代人想去当个好工人，"一五"计划、"二五"计划的实现，全是在这一代人的手中完成

的。这一代劳模的精神到现在还在发挥作用。老劳模中，有的是通过发明创造，突破了重大的技术难关，使生产来个飞跃的发展。

从时传祥、王进喜，到倪志福、郝建秀，从李素丽、徐虎、王选、袁隆平，到李斌、许振超、王建军、李银环、于凯等。尽管每一时代的劳模群体也都呈现出多元的组合，以体现对不同劳动价值的肯定，但总的趋势，社会对劳动价值的评判，正在从"出大力，流大汗"、"苦干加巧干"，向知识型，创造社会效益、经济效益方向转变。这样的变化，与新中国从一个农业社会、一个封闭自足的社会，向工业化、现代化，并逐步向世界开放的转变过程完全合拍。每一个时代所推举出的劳模，都代表着该时代的先进生产力和健康向上的力量。

一批批具有崇高精神和时代特色的劳动模范和先进人物，激励着广大人民群众为民族的振兴、社会的进步和人民的富裕而拼搏。他们理想远大、信念坚定，是以实际行动献身社会主义现代化建设的典范；他们忘我劳动、艰苦奋斗，是立足本职，建功立业的榜样；他们刻苦钻研、勇于创新，是各行各业奋斗者的楷模；他们严于律己，一身正气，是建设社会主义精神文明的先锋。他们以实际行动铸就了爱岗敬业、争创一流、艰苦奋斗、勇于创新、淡泊名利、甘于奉献的伟大的劳模精神。这是国家和社会的宝贵财富，是推动时代前进的强大动力，是伟大民族精神的重要体现。无论文明进步到哪种程度，无论财富积累到何种地步，劳模和他们身上体现出来的精神都是永不褪色的骄傲。

劳模精神引领时代精神，劳模价值创造社会价值。每一个时代的劳模都有其特点，但无论时代如何变迁，永远不变的是劳模精神的本质。

【 全心全意为人民服务精神 】

一切为了人民群众。为人民服务，而绝不能为别的什么人服务。坚持国家、集体、个人利益的统一包括对个人利益的兼顾。深入群众，和群众打成一片。关心群众生活，解决事关群众切身利益的实际问题。依靠群众的力量去实现他们自身的利益。用是否符合人民群众利益的标准来检验共产党人的一切言论和行动。党员干部要为人民用好权

"为人民服务"是中国共产党的根本宗旨，也是共产党人的最高行动准则。

1944年9月5日，张思德不幸因炭窑崩塌光荣地献出了年仅29岁的生命，3日以后，毛泽东在中共中央直属机关，为追悼中央警备团战士张思德同志而召集的会议上作了题为《为人民服务》的演讲。

1945年4月，毛泽东在中国共产党第七次全国代表大会上所致的开幕词中明确告诫全党："我们应该谦虚、谨慎、戒骄、戒躁，全心全意地为中国人民服务。"在七大

政治报告中，再次强调："全心全意地为人民服务，一刻也不脱离群众；一切从人民的利益出发，而不是从个人或小集团的利益出发；向人民负责和向党的领导机关负责的一致性。这些就是我们的出发点。"

全心全意为人民服务精神，内涵十分丰富，主要有：

解决好为什么人的问题。共产党人的一切都是为了人民群众。只能为人民服务，而绝不能为别的什么人服务，做到勤政、廉政。

承认正当的个人利益，但为人民服务不能半心半意或三心二意。共产党人要把坚持党的宗旨和实现正当的个人利益统一起来，不能以追逐个人利益作为行为的出发点，要全身心地投入到为人民服务的事业中去，在为人民作贡献中实现正当的个人利益。

深入群众，和群众打成一片。这既是为人民服务的重要内容，也是更好地为人民服务的前提条件。共产党人不能搞官僚主义，要密切地和群众结合在一起，了解、反映群众的情绪、群众的疾苦、群众的愿望和要求。

关心群众生活，解决事关群众切身利益的实际问题。全心全意为人民服务就要关心群众生活，为群众谋利益。这是为人民服务最具体、最实际的体现。

依靠群众的力量去实现他们自身的利益。为人民服务有两种办法：一种是把自己当成救世主，代替群众包打天下；另一种是依靠群众自己解放自己。共产党人坚决反对第一种办法而选择第二种办法。

【 奉献精神 】

一种大爱，只求付出不求回报的爱，是社会
责任感的集中体现，达到了一种无私的境界

　　奉献含义："奉"，即"捧"，意思是"给、献
给"；"献"，原意为"献祭"，指"把实物或意见等恭
敬庄严地送给集体或尊敬的人"。两个字和起来，奉献，
就是"恭敬地交付，呈献"。

　　奉献精神是一种大爱，是对自己事业的不求回报的爱
和全身心的付出。奉献主要是精神的，是真诚的付出，是
双手捧出的一颗心，无私且不企求回报。奉献带给人类的
是启迪和震撼。

　　哥白尼以严谨的科学态度提出了"日心说"，推翻了
统治人们一千多年的"地心说"，对自然科学作出了重大
的贡献。但"日心说"遭到了教会的极力反对。哥白尼去
世后五年，布鲁诺诞生了，他主张人们有怀疑宗教教义的
自由，并坚持认为"日心说"是科学的。由于宗教教义
受到"日心说"的冲击，教会以死刑威逼布鲁诺放弃他的
观点。在烈火面前，布鲁诺仍然坚持真理，结果被活活烧

死。他为真理献出了生命，为科学、为人类做出了崇高的奉献。

从公元前三世纪的亚里斯塔克到后来的哥白尼、布鲁诺、伽利略、开普勒、牛顿，他们为"日心说"的确立和普及，奋斗了一千多年。他们没有希望得到任何回报。硬要说什么回报，那就是无神论的确立和真理的普及。

在抗击非典的战斗中，成千上万的白衣战士做出了巨大的奉献。无论被抢救的病人是治愈出院了，还是因为种种原因最终没能抢救过来，这丝毫不减他们奉献精神的崇高。冲上前去的医生护士，无论是受到感染而倒下，还是至今仍在战斗，他们的奉献精神同样可贵。

奉献精神体现了一个人对生活的态度。对于个人而言，可以从小事做起，从日常生活开始，譬如善待自己身边的每一个人，做好自己应该做的每一件事，在能力所及的范围帮助别人，把本职工作当成一项事业来热爱和完成，如此，你便可以从生活的点点滴滴中寻找到快乐，使平凡的生活得到提升。

无私奉献是中华民族的传统美德，是中国人民克敌制胜的一大法宝，它教育了几代人，鼓舞了几代人，曾在中国革命中产生过巨大的影响，如今在中国改革开放三十年经济腾飞中发挥着重要作用。

肆

主人翁精神
自强不息精神
首创精神
创新精神
创业精神
攻关精神
拾金不昧精神
甘为人梯的精神
敬老爱幼精神
助人为乐精神
职业精神
较真精神
侠义精神
团队精神
志愿者精神

【 主人翁精神 】

当家作主：不论做什么事情都如为自己、为自己的家做事一样

1949年10月1日，中华人民共和国诞生，各行各业的劳动人民翻身得解放，成了国家的主人。"人民当家作主"，广大劳动者发挥主人翁精神，勤勤恳恳，努力工作，贡献聪明才智，我们的国家取得了举世瞩目的辉煌成就。

主人翁精神，是工人阶级觉悟的集中体现。职工群众是我们国家的主人，也是企业兴旺发展的力量源泉。各行各业的领导，以正确的思想教育职工群众，培育和激发广大职工的主人翁精神；广大职工为国分忧、为企业解难的自觉行动，为企业的发展贡献力量。这样一种精神状态，是克服企业前进道路上各种困难的重要条件。

作为企业的一名员工，树立主人翁意识，扎根岗位，勤奋学习，不懈努力，不断深化"企兴我荣，企衰我耻"思想，唯有视企业的荣辱和发展为己任，竭己之所能，任劳任怨，勤恳工作，才是立足之根本。

企业的任何一位员工都要增强与企业同舟共济的责任意识，培育敬业精神和奉献意识，带着强烈的责任心去关心企业的发展，自觉地把个人的命运与企业的发展融为一体，尽职尽责地做好本职工作。

　　国家发展需要主人翁行动，时代呼唤主人翁精神，当每位员工都能发扬主人翁精神的时候，企业、国家就将更为和谐，更有效率，更加充满激情和强大生命力。

【 自强不息精神 】

自觉地努力向上，永不松懈

　　"天行健，君子以自强不息。"——《周易》

　　人世沉浮如电光石火，盛衰起伏，变幻难测。如果你有天才，勤奋则使你如虎添翼；如果你没有天才，勤奋将使你赢得一切。命运掌握在那些勤勤恳恳工作的人手中。推动世界前进的人并不是那些严格意义上的天才，而是那些智力平平而又非常勤奋、埋头苦干的人；不是那些天资卓越、才华四射的天才，而是那些不论在哪一个行业都勤勤恳恳、劳作不息的人们。即使你身体有残缺，即使你没有过人的天资，即使别人看不起你，但是，只要你自强不息，就能改变别人对你的看法，就能开拓出一片属于自己的天地！

　　天赋超常而没有毅力和恒心的人只会成为转瞬即逝的火花。许多意志坚强、持之以恒而智力平平乃至稍稍迟钝的人都会超过那些只有天赋而没有毅力的人。懒惰是一种毒药，它既毒害人们的肉体，也毒害人们的心灵。无论多么美好的东西，人们只有付出相应的劳动和汗水，才能懂得这美好的东西是多么的来之不易。真正的智慧总是与谦虚相连，真正的哲人必然像大海一样宽厚。浅薄的嫉恨和无知的轻蔑都是不尊重劳动、不尊重勤劳的表现。

一个民族、一个国家要想强盛，必须要有自强不息的精神。

古往今来，有多少个英雄好汉自强不息，为中华民族的崛起而抛头颅洒热血？多少人靠着这份自强不息的执著，从而获得道德实践的力量？咬紧牙关，一直拼搏向前，就能获得真理。

具有五千年文明历史的中华民族之所以虽历尽沧桑却一脉相承依然屹立在世界东方，是一代代龙的传人上下求索扬善弃恶的必然结果。

自强不息，是一切成功的源泉！

【 首创精神 】

发挥主动性和创造性，主动地提出建议、计划和发明，并加以实施

首创精神是人类、企业、社会发展的原动力，是市场竞争的必然要求，想出一个计划并保证其成功是一个聪明人最大的快乐之一，也是人类活动最有力的刺激因素之一。这种发明与执行的可能性就是人们所说的首创精神，建议与执行的自主性也都属于首创精神。如果其他情况都一样的话，一个能发挥下属人员首创精神的领导要比一个不能这样做的领导高明得多。

毛泽东一贯重视群众的"首创精神"。认为只有依靠群众，我们目前的无知状态会得到改善，即使马列主义的不足也会得到弥补。在他以前的思想家、革命家从来没有像他那样强调群众的力量，这里面有历史文化的原因，也有社会生活的因素。在现实社会生活中，民众的作用一向是很大的，连统治者都意识到"水能载舟亦覆舟"的道理。实际上，中国人讲"民众"更重视那个"众"字，也就是人民团结的力量，而不是单一的、个体的"民"。孤

立的"民"是弱小的，形成"众"的势力以后就非常强大。所以，老百姓讲，"三个臭皮匠顶得一个诸葛亮"。

为什么群众具有"首创精神"呢？

是先有野医野药，还是先有《神农百草经》？是先有黄河民谣，还是先有《黄河大合唱》？是先有水浒梁山，还是先有苏维埃井冈山？

原始的、基本的知识都是来自于人民的，专业的、科学的工作只是作了总结和归纳。

所以要相信群众，依靠群众，最多也是用从他们那里得来的经过总结和归纳的思想发动群众，而不能悬自己于群众之上，自以为是。

首创精神，就是让群众自己教育自己，自己管理自己，自己解放自己。

现在，更应该是广大人民自己创新，自己发展，自己管理，自己成长。

【 创新精神 】

勇于抛弃旧思想旧事物、创立新思想新事物的精神

创新是人类特有的认识能力和实践能力，是人类主观能动性的高级表现形式，是推动民族进步和社会发展的不竭动力。一个民族要想走在时代前列，就一刻也不能没有理论思维，一刻也不能停止理论创新。创新在经济，商业，技术，社会学以及建筑学这些领域的研究中有着举足轻重的分量。

创新精神是指要具有能够综合运用已有的知识、信息、技能和方法，提出新方法、新观点的思维能力和进行发明创造、改革、革新的意志、信心、勇气和智慧。

创新精神是一种勇于抛弃旧思想旧事物、创立新思想新事物的精神。例如：不满足已有认识（掌握的事实、建立的理论、总结的方法），不断追求新知；不满足现有的生活生产方式、方法、工具、材料、物品，根据实际需要或新的情况，不断进行改革和革新；不墨守成规（规则、方法、理论、说法、习惯），敢于打破原有框框，探索新的规律，新的方法；不迷信书本、权威，敢于根据事实和自

己的思考，同书本和权威质疑；不盲目效仿别人想法、说法、做法，不人云亦云，唯书唯上，坚持独立思考，说自己的话，走自己的路；不喜欢一般化，追求新颖、独特、异想天开、与众不同；不僵化、呆板，灵活地应用已有知识和能力解决问题……都是创新精神的具体表现。

创新精神与其他的科学精神是统一的。例如：创新精神以敢于摒弃旧事物旧思想、创立新事物新思想为特征，同时创新精神又要以遵循客观规律为前提，只有当创新精神符合客观需要和客观规律时，才能顺利地转化为创新成果，成为促进自然和社会发展的动力；创新精神提倡新颖、独特，同时又要受到一定的道德观、价值观、审美观的制约。

创新精神提倡独立思考、不人云亦云，并不是不倾听别人的意见、孤芳自赏、固执己见、狂妄自大，而是要团结合作、相互交流，这是当代创新活动所不可缺少的方式；创新精神提倡大胆探索、不怕犯错误，并不是鼓励犯错误，只是强调对错误的认识是科学探究过程中不可避免的；创新精神提倡不迷信书本、权威，并不反对学习前人经验，任何创新都是在前人成就的基础上进行的；创新精神提倡大胆质疑，而质疑要有事实和思考的根据，并不是虚无主义地怀疑一切……总之，要用全面、辩证的观点看待创新精神。

只有具有创新精神，人们才能在未来的发展中开辟新的天地。

【 创业精神 】

一股"创造性的破坏"力量，使原有的经营
方式被新的、更好的方式所摧毁；主动寻求
变化、对变化作出反应并将变化视为机会；
追求增长，不满足于停留在小规模或现有的
规模上

　　创业精神最早出现于18世纪，其含义一直在不断演
化。20世纪的经济学家约瑟夫·熊彼特将创业精神看作是
一股"创造性的破坏"力量。创业者采用的"新组合"使
旧产业遭到淘汰。原有的经营方式被新的、更好的方式所
摧毁。管理学专家彼得·德鲁克则将这一理念更推进了一
步，称创业者是主动寻求变化、对变化作出反应并将变化
视为机会的人。只要看一看传播手段所经历的变化——从
打字机到个人电脑到互联网，这一点便一目了然。
　　虽然经济学家和管理学家对创业精神有不同的定义。
但是，大多数人都同意创业精神在任何社会中对刺激经济
增长和增加就业都至关重要。在发展中国家尤为如此，成
功的小企业是创造就业机会和减少贫困的主要途径。

创业精神有三个重要主题：在于对机会的追求，创业精神注重探索追求和把握环境的趋势和变化，而且往往是尚未被人们注意的趋势和变化；在于创新，创业精神包含了变革、革新、转换和引入新方法——即新产品、新服务或者是做生意的新方式；在于增长，创业者追求增长，不满足于停留在小规模或现有的规模上，创业者希望自己的企业能够尽可能的增长，员工能够拼命工作。自始至终在不断寻找新趋势和机会，不断地创新，不断地推出新产品和新的经营方式。

　　真正的创业者并不是追求个人的财富，而是追求自己的理想，他们把创业当作自己实现人生价值的一种方式，看重的是创业过程，在创业过程中，实现个人价值的提升，而这种提升体现在对社会的贡献。真正的创业者的激情来自于他的事业给社会带来的积极影响。选择了创业就是选择了面对更多困难、迎接更多挑战，而创业精神就体现在战胜困难与挑战的过程中。

【 攻关精神 】

攻城不怕坚，攻书莫畏难。科学有险阻，
苦战能过关

    攻关唤起的是人们的精气神；凝聚着干部群众的智慧和力量；激发的是干事创业的内在动力。"攻关"代表一种"硬实力"取得的是看得见、摸得着的实绩。历史证明，那些影响深远、泽被后世的重大民生工程、技术突破、重大决策，无一不是科学"攻关"的结果。当前社会所面临的问题，大都是发展中的问题，必将在发展中得到解决但问题的解决需要一个过程 。没有一股子耐心和恒心，没有一种锲而不舍的精神，急于求成，不仅于事无补，而且还会引发新的问题。

    勇于"攻坚"，并非等于鲁莽蛮干。它既需要"苦战"的气概和魄力，也有赖于"善战"的科学态度。这里，需要以锲而不舍、百折不挠的毅力，做到"不解决问题不撒手、不落实到位不罢休"。

    "攻关"精神，扎硬寨、打死仗，吃得苦、耐得烦、不怕死，凭着一股子信心、耐心和恒心，勇攻关、巧攻关，不畏艰难、直面挑战，集思广益、群策群力。

　　"攻城不怕坚，攻书莫畏难。科学有险阻，苦战能过关。"叶剑英元帅充满激情的诗句，蕴含了对攻关精神的赞美，也寄寓了希冀。无论什么时代，不畏艰险，不怕困难，都是人们开拓前进的动力。

【 拾金不昧精神 】

拾到东西并不隐瞒下来据为己有。良好的道德
和社会风尚

　　何为拾金不昧？顾名思义："拾"就是捡到，"昧"
字是"隐藏"的意思，"不昧"就是"不隐藏"。拾金不
昧就是捡到贵重的东西不保留，不据为己有。在中国传统
文化的"小国寡民"思想中，路不拾遗、夜不闭户从来就
是人们崇尚的一种理想。拾金不昧的"昧"字，本身就包
含了价值判断和道德评价在内。传统观念认为，一个人如
果拾得别人丢失的物品不归还，不仅要受到舆论的谴责，
还会受到良心的折磨。

　　拾金不昧最早的演绎见于《后汉书列传》中"乐羊
子"的故事："羊子尝行路，得遗金一饼，还以与妻。妻
曰：'妾闻志士不饮盗泉之水，廉者不受嗟来之食，况拾
遗求利以污其行乎！'羊子大惭，乃捐金于野，而远寻师
学。" 自此，拾金不昧渐成我们中华民族的传统美德，历
来为人们坚持并弘扬。

　　宋朝还有一个著名的"林积还珠"的故事。宋代有个

名叫林积的人，年少时进京路过蔡州，住在旅店里。躺下时觉得床上有东西硌着背，掀起席子一看，有一布袋，布袋中又有一绸袋，绸袋中装着几百颗北方产的珍珠。第二天，林积问店主人，前天谁住在这间房里。主人告诉他说，是个大商人。林积告诉他："他是我的老朋友，如果他再来，请告诉他到学校来找我。"又在屋内留了名，"某年某月某日剑南林积在此住过"，然后离去。那商人到了京师，要取珠去卖，却没有了，急忙沿着来路一处处去找。到蔡州的旅店，见到林积的留言，就到学校找到了林积。林积告诉他："原来的珠子都在，但不能就这样拿走，你可以向官府报告，我会全部归还你的。"商人照他说的做了，林积就到官府把珠子全部交给了商人。府尹要他们二人平分，商人说："这正是我的想法。"林积不接受，说："如果我想要，那这些珠子早已是我的了。"

每一个拾金不昧的故事，都会让人心生敬意和感动。千百年来，拾金不昧作为一项传统美德、中国人最基本的公共道德，在潜移默化中被不断传承。拾金不昧是必须坚持并应当弘扬的高尚品德。

【 甘为人梯的精神 】

甘为他人"做嫁衣裳"、"铺路石",不怀
一己之私,成就他人和事业之美

　　甘,是无私奉献的前提和动力,意味着"捧着一颗心
来",做"铺路石"、当"孺子牛",意味着"愿作红烛
照人寰"、"甘作春蚕吐丝尽"。甘,不仅是一种阳光心
态的展示,更是眼界宽、思路宽、胸襟宽的体现,不为权
力、地位、名利、私情所累,理性看待自己的升迁去留,
平和对待自己的名利得失。

　　干事创业都需要"梯",搭什么样的梯,为谁搭梯,
区分境界高下。"梯"有很多种:有刻意为个人搭梯的,
有专心为别人搭梯的;有为自己名利搭梯的,有为他人幸
福搭梯的。有很多职业都具备了为他人"做嫁衣裳"的性
质,譬如教师、编辑、图书馆工作人员等,而甘为人梯的
精神则体现了大智慧、大本事、大境界。

　　甘为人梯者须时刻保持一颗平常心,以一种至公无
私,宠辱不惊的忘我境界,对工作、对位置有正确的认
识,胸襟开阔,淡泊名利,以海纳百川的胸怀去包容人、

理解人，甘为他人"做嫁衣"、"当绿叶"，乐于"成人之美"，做到至公无私。不为名利所惑，不为浮华所动，在职务、地位、利益面前保持清醒头脑，在任何时候，都看淡职位升迁，看轻名利得失，低调做人、高调做事，为了人好，见得人好，能助人好，把别人的成功看作是自己的成功，把他人的成长看作是自己的责任、成就和快乐，守得住清苦、耐得住寂寞，始终做到宠辱不惊，去留无意。做一个淡泊明志、甘于奉献之人。

【 敬老爱幼精神 】

尊敬和供养老人，爱护和抚育子女

先秦儒家在推行以"仁政"治理国家的理论时，主张"老吾老，以及人之老；幼吾幼，以及人之幼。天下可以运于掌上。"（《孟子·梁惠王上》）在他们提出的"大同"理想社会里，"使老有所终，壮有所用，幼有所长，鳏、寡、孤、独，残疾者皆有所养。"（《礼记·礼运》）这些主张在当时虽然具有明显的巩固政权的政治目的，但是，也带有社会公益道德的性质，具有超越社会组织权力的特点，为全社会所承认、所接受，成为中华民族的传统美德。

自古以来，有许许多多尊老爱幼的佳话流传于世。春秋时期，孔子的弟子子路，小时候家里很穷。有一次父母想吃米饭，可家里一粒米也没有，小小的子路翻山越岭，走了十几里的山路，从亲戚家里背回了一小袋米，让父母吃上香喷喷的米饭。我国的开国元勋陈毅，即使当了元帅，可还是亲自为病弱的母亲洗衣洗裤……"尊老爱幼"有着她经久不衰的生命力。

敬老爱幼是我国社会主义精神文明建设的重要组成部分，是对中国优秀道德遗产的继承和发扬。我们所说的赡养，包括物质生活和精神生活两方面的内容。

敬老的目标是：家庭生活中子女要从生活、精神生活方面给予老人以照顾、安慰；任何虐待老人的行为，都是不容许的，都要受到道德的谴责，严重的要受到法律制裁；在社会上要形成大家关心、爱护老人的良好的道德风尚，认真办好敬老养老的社会公益事业。

爱护儿童的目标是：在家庭中父母对子女要承担起抚养和教育的责任，既要注意从生活上关心和照顾子女，更要注意用理想、道德教育子女，绝不允许抛子弃婴；在社会上要关心儿童、少年的健康成长，保证他们在德、智、体方面都能得到全面发展，把他们培养成为有理想、有道德、有文化、有纪律的人。

敬老爱幼不仅是中华民族美德、社会公德，更是人人都应该遵守的行为规范，在物质文明高度发达的今天，我们更不能忘记。

【 助人为乐精神 】

把帮助别人作为自己快乐的事，服务他人，
奉献社会，毫不利己，专门利人

　　乐善好施、助人为乐是中华传统美德。每遇天灾人祸或自身难以解决的难处，便有热心者鼎力相助。如古时候的"普施灯笼"，其人买来灯笼，插上蜡烛，配上火柴之类点灯工具后，或挂在凉亭里，或挂在道路旁边，让行路落夜的人自取自用，作为赶夜路照明。

　　新中国成立之后，助人为乐做好事的美德进一步得到发扬。1963年全国广泛开展向雷锋同志学习，雷锋是助人为乐的光辉典范。在学雷锋的活动中，广大人民群众，特别是青少年，为社会、为他人做好事，人们把学雷锋、做好事作为一种社会美德，引以为荣，从而使助人为乐的新风尚得到光大。

　　汶川地震举国上下踊跃捐款捐物，成千上万志愿者及解放军官兵冒着生命危险救死扶伤；而当媒体报道某人突患大病无钱医治时，就会有无数好心人伸出双手给予支援；与贫困学生结对助学等等。这是什么精神？这就是助人为乐精神。

　　助人为快乐之本，助人要从日常小事做起，不因善小而不为。我们每个人都要有助人为乐的精神，在学习和生活中，多帮助别人，多做一些力所能及的好事，让别人感到温暖，让自己活得更快乐。

　　如果每一个人都以帮助别人作为自己的快乐，不斤斤计较，那么世界上就充满了温暖，人与人之间的感情就更融洽了，"送人玫瑰，手有余香"。

　　正因为有这种助人为乐精神才使我们生活变得更美好，也只有这种精神，才使社会成为一个温暖的大家庭。这是五千年中华民族的传统美德，在21世纪的今天，在我国社会主义市场经济蓬勃发展的今天，继续弘扬助人为乐精神，具有十分重要的现实意义。

【 职业精神 】

与人们的职业活动紧密联系、具有自身职业
特征的尽责的精神

　　职业，就是人们由于社会分工和生产内部的劳动分工，而从事的具有专门业务和特定职责，并以此作为主要生活来源的社会活动。人们在一定的职业生活中能动地表现自己，就形成了一定的职业精神。职业精神具有以下特征：

　　在内容方面，它总是鲜明地表达职业根本利益，以及职业责任、职业行为上的精神要求。它鲜明地表现为某一职业特有的精神传统和从业者特定的心理和素质。

　　在表达形式方面，各种不同职业对于从业者的精神要求，是从本职业的活动及其交往的内容和方式出发，适应于本职业活动的客观环境和具体条件。

　　从历史上看，各种职业集团为了维护自己的利益，为了维护自己的职业信誉和职业尊严，不但要设法制定和巩固体现职业精神的规范，以调整本职业集团内部的相互关系，而且注意满足社会各个方面对于该职业的要求，调整该职业同社会各方面的关系。

在功效上看，职业精神一方面使社会的精神原则"职业化"；另一方面又使个人精神"成熟化"。职业精神与社会精神之间的关系，是特殊与一般、个性与共性的关系。任何形式的职业精神都不同程度地体现着社会精神。

职业精神由多种要素构成，它们相互配合，形成严谨的职业精神模式。职业精神的内涵体现在责任、敬业、务实等方面：

责任，是职业精神的本质。责任能使每个人积极地投入到工作中去，并将自己的潜能发挥到极致。

敬业，是职业精神的核心。只有尊重、热爱自己的职业，才能在各种复杂条件下始终如一钻研业务，做到从尽职尽责，跨越到尽善尽美；从优秀，跨越到卓越。

务实，是职业精神的根本。坚持不唯书不唯上只唯实，正是职业精神的生动体现。

【 较真精神 】

质疑，就是严谨治学的精神

"较真"，"较"是计较、较劲，"真"是真实、求实；"较真"就是严肃认真，实事求是。

较真精神在自然科学研究领域的价值自不待言。在科学研究事业中，较真精神就是质疑精神，就是严谨治学的精神。没有较真精神，人们的思想就不会逃离迷信藩篱的束缚，就不会有科技的繁荣与发展，就没有今天人类所能享用的物质生活。

较真在中国社会可不是件容易的事儿。乡土社会的传统排斥较真品格，人们不愿较真；现实环境中较真的代价太大，人们也不敢较真。

公民权利的保障需要较真精神。农业封建社会的历史，使中国社会的现代法治观念比较淡漠，人们的维权意识不强。要改变这种状况，较真精神就显得非常重要。权利和责任同等重要，不可以马马虎虎不当一回事。公民权利不是无缘无故从天上掉下来的，是无数个"较真"的人一步一步争取来的。

和谐社会的建设需要较真精神。社会的快速发展及其转轨，促使社会矛盾和问题丛生，大家都对不合理的事情"较真"，反而有利于构建社会的和谐。因为较真之下，可以把"非良法"改造成"良法"，把"不完善"的制度修补为"完善"，根除社会弊病的源头，营造公正合理的法治环境，推进社会良性运行。而反之，如果所有人都怕承担代价，不去较真，不坚持原则，小问题迟早会发展成大问题，影响社会稳定。

　　如果有更多的社会成员以法律、以真理为武器，为维护正当的合法权益而"较真"，为事业而"较真"，为人民的利益而"较真"，就会更有力量，社会就会更快地成熟。

【 侠义精神 】

士为知己者死；四海之内皆兄弟；路见不平，
拔刀相助；有福同享，有祸同当；扶弱以抗
强；为国为民，侠之大者……

　　侠义精神一直是中国民间最崇尚的一种人文精神，从
春秋战国时代，到司马迁的《史记·刺客列传》中的那些
游侠，再到隋唐时完全成熟，并逐渐成为民间文化重要组
成部分的游侠文化，时至今日侠义精神已经是所有中国人
藏在内心深处的一种近乎本能的特质。

　　古代一个著名的豫让行侠故事，充分说明了中国侠义
精神的内核。豫让本来是战国时候晋国智伯的家臣，智伯
后来被韩、赵、魏三家联合给灭了。有一个叫赵襄子的特
别恨智伯，杀了智伯之后还不解恨，居然把智伯的头颅拿
来做了自己的夜壶。豫让不能容忍自己的主人被害且尸体
受辱，于是豫让就应聘到赵府当了扫厕人，想趁赵襄子上
厕所的时候杀掉他，没想到让赵襄子认了出来，问豫让你
为什么要刺杀我，豫让就说了原委。赵襄子的左右都主张
杀了豫让，赵襄子却被感动了，说这样忠心为主的人我实

在舍不得杀，罢了，放你走吧。结果就把豫让给放了。可偏偏这个豫让是一个不依不饶的人，他还对赵襄子进行了第二次的刺杀。为了不被赵府的人认出，豫让将油污涂满全身，使得身上长满恶疮；又生吞木炭，让自己的声音变得嘶哑。尽管如此，这一次刺杀，豫让还是被抓住了，临死前赵襄子答应了豫让的要求，把自己的衣服脱下来让他在上面刺了三剑，以示报仇，之后豫让自刎而死。这就是侠义精神中的"士为知己者死"。

"侠"是一种精神，也是一种情怀。它和孔孟的"仁"，老庄的"道"一样深深刻在大多数中国人的意识之中。侠义精神也从另一个角度指导着人们的日常行为。

侠义精神与儒家思想最大的不同就在于它不属于贵族、士大夫，它是普通老百姓的一种道德信仰。侠客本身来自于民间，有人把"侠义精神"等同于打打杀杀的侠客行动，认为劫富济贫、替天行道就是"侠义精神"。这种看法有着极大的片面性。由于中国封建社会法律制度不健全，社会的很多弱势群体无法得到及时的救助，"青天"和"侠客"这两种一"白"一"黑"的形象就应运而出。他们打抱不平、救危解困，无疑受到人们的爱戴，不管是东方社会的"江湖大侠"还是西方的"佐罗"，都是在寻求社会的公正和弱势群体的帮助。换句话说，侠义精神并非挑战或者推翻现有的社会制度或者法制裁判，而是对国家制度出现空白后的一种民间力量的补救。单个的"侠义精神"体现在救助困难群体，而放大了的"侠义精神"则是民间力量和声音对国家和社会的一种责任和态度。所谓："为国为民，侠之大者！"

如今，需要唤醒中国人骨子里那种"侠义精神"的知觉，中国人不缺少这种精神，缺少的是重新唤醒这种精神的良知。

【 团队精神 】

大局意识、协作意识和服务意识的集中体现

　　所谓团队精神，是团队所有成员都认可的一种集体意识。团队精神是高绩效团队中的灵魂。简单来说，团队精神，就是大局意识、服务意识和协作意识"三识"的综合体。反映团队成员的士气，是团队所有成员价值观与理想信念的基石，是凝聚团队力量，促进团队进步的内在力量。

　　团队精神尊重每个成员的兴趣和成就，要求团队的每一个成员，都以提高自身素质和实现团队目标为己任。团队精神的核心是合作协同，目的是最大限度发挥团队的潜在能量。

　　团队精神是组织文化的一部分。良好的管理可以通过合适的组织形态将每个人安排至合适的岗位，充分发挥集体的潜能。如果没有正确的管理文化，没有良好的从业心态和奉献精神，就不会有团队精神。

　　团队精神所具有的力量无处不在，一个家庭、一个企业、一个组织、一个国家……每件事情，无论大小，都需要大家齐心协力，发挥出自己的特长，把自己的那份工作做好。一个企业，如能让所有员工上下一心，那么，这个企业一定能够在某一领域独占鳌头，并且不断做大做强，可见，团队精神之于个人、之于集体都是多么的重要。团队合作往往能激发出团体不可思议的潜力，集体协作干出的成果往往能超过成员个人业绩的总和。正所谓"同心山成玉，协力土变金"。

　　一个没有团队精神的组织，将是一盘散沙；一个没有团队精神的民族，将难以强大。

【 志愿者精神 】

奉献、友爱、互助、进步

　　前联合国秘书长科菲·安南在"2001国际志愿者年"启动仪式上的讲话中指出："志愿精神的核心是服务、团结的理想和共同使这个世界变得更加美好的信念。从这个意义上说，志愿精神是联合国精神的最终体现。"这句话指出了志愿精神的本质，志愿服务的精神概括起来是：奉献、友爱、互助、进步。

　　在中国当下社会中，志愿者和志愿者精神的影响力越来越大。人们已经熟悉志愿者所作的贡献，在2008年汶川大地震以及北京奥运会、上海世博会、西安世园会中，志愿者精神都得到了进一步发扬光大。如今，志愿者的形象继续成为城市生活和文化的重要组成部分，志愿者的形象在人们心中更加清晰、稳定，成为社会所必需的生活要素。

　　"志愿服务"是一个国际性口号，在一些市场经济发达的国家已有了几十年的历史。早在第一次世界大战中，一些善良而又勇敢的人士就本着人道主义的精神，自愿奔赴战场救死扶伤，成为世界上最早的志愿者之一。第二次世界大战期间，更多的志愿者活跃在抵抗法西斯的战场上和大后方，我国人民所熟悉的白求恩大夫便是其中的杰出代表。在和平时期，志愿服务事业在有些国家又有了长足的发展，涉及环境保护、扶弱助残、赈济贫困、救灾抢险、社区建设、公益活动等越来越广泛的领域，志愿者身上所洋溢着的自我牺牲的品格、奉献敬业的境界、高度的社会责任感以及对社会进步的执著追求，深受人们的推崇和敬佩。

1985年12月17日，第四十届联合国代表大会通过决议，从1986年起每年的12月5日定为国际志愿者日（IVD），如今已有一百多个国家在这一天集中开展志愿服务活动。

1963年始，中国将3月5日定为全国学雷锋纪念日。2000年3月，团中央、中国青年志愿者协会共同决定，将每年的3月5日定为"中国青年志愿者服务日"。

志愿者精神是对中华民族团结友爱、助人为乐、见义勇为、尊老爱幼、尊师重教等传统美德的继承和光大，是雷锋精神的延续和发展。

伍

公民精神
钉子精神
螺丝钉精神
龙马精神
铺路石精神
鲁迅精神
白求恩精神
蜡烛精神
骆驼精神
大无畏精神
三过家门而不入
精神
新儒商精神

【 公民精神 】

自立自主意识、民主意识、法制意识、责任意识

随着社会发展，社会的进步已经不是由某个人或某些人的努力就可以实现的了，而是需要全体社会成员的共同努力。中国改革开放走过三十多年，已经走到了一个关键时期。在这个社会转型期，能否平稳过渡到真正意义上的现代社会，需要依靠具有现代公民精神的公民参与其中。

宪法规定，凡具有中华人民共和国国籍的人均为我国公民。美国肯塔基大学教授托马斯·雅诺斯基认为，"公民身份是个人在民族国家中，在特定平等水平上，具有一定普遍性权利和义务的被动及主动的成员身份。"在这里我们可以看到，作为一个公民他应该具有的一般特点：首先，处于一个民族国家中；第二，应当具有一定的平等；第三，享有和负有普遍的权利和义务；第四，他应当被动或主动地去履行自己的公民资格。

现代公民精神最重要的体现就是公民应当凭借自己的公民资格被动或主动地参与或不参与社会政治事务从而为

自己和社会共同体谋取利益。也应该看到，以往谈到公民精神的时候，更多的是公民应当被动地履行义务或是享有义务，很少或刻意回避公民在社会政治生活中的主体地位。一般来说，现代公民精神应当包括以下方面：

第一，公民自身的主体意识。现代公民和以往的臣民最大的不同就是现代公民是自己的主人，需要为自己的行为作出选择，当然也必须为自己的选择负责。自立、自主是公民的基本素质。如果公民不能为自己负责，那么他只是国家和社会的附庸而不可能是真正的主人。

第二，民主意识。民主意识是公民实现其自身价值和体现自身独立意识的重要表现。对于公共事务的平等参与其实也就关系到了人之所以是人的问题，作为一个人他必须在精神上独立于其他人之外，不能成为别人的附庸，而在政治生活中最好的表现方法就是民主参与。

第三，法制意识。一个现代公民在遇到协商处理不好的问题时，应当寻找一种理性的方式解决，这种解决方式应当是公平正义的为各方所接受并且是成本最低的，最符合这一条件的法律来解决了。

第四，公共的主动参与精神。公民对于权利和义务的履行和享有是被动和主动相结合的。现代公民精神的一个基本要义就是公民可以主动参与社会政治上生活的各个方面。这种主动参与的精神还可以进一步培养其民主意识，促使政治生活进一步发展。

呼唤现代公民精神，并不能离开赖以生存的传统文化。道德仁爱、诚实守信、尊师重教、敬业奉献、自律自强，这些传承了几千年的传统道德规范，亦是时代精神建设不可舍弃的精华，是现代公民精神培养的重要内涵。

【 钉子精神 】

钉子代表挤和钻。钉子精神是锲而不舍的钻
研精神，是坚韧不拔的进取精神，是恪尽职
守的敬业精神，是自强不息的创新精神

"一块好好的木板，上面一个眼也没有，但钉子为什
么能钻进去呢？这就是靠压力硬挤进去的。由此看来，钉
子有两个长处：一个是挤劲，一个是钻劲。我们在学习
上，也要提倡这种'钉子'精神，善于挤和善于钻。"

——雷锋日记

钉子精神体现在雷锋身上，就是干一行、爱一行、钻
一行、干好一行。雷锋特别喜欢学习，挎包里始终有书，
一有时间就读，思想水平提高很快。毛泽东读他的日记
后，称赞他懂哲学。为干好工作、更好地为人民服务，雷
锋先后学会了开拖拉机和推土机、理发、开车、修车等技
术活。他个子小臂短投弹不行，就利用休息时间偷偷练
习，最后达到了优秀。一个苦出身的农村孤儿，在短短四
年的革命生涯中，挤出工作、训练和做好事之余的时间，

凭着一股钻劲、挤劲，学会这么多技能，工作很出色，多次立功受奖。

钉子精神是中华民族宝贵的精神财富之一，自20世纪60年代以来一直激励着无数的中国人。张秉贵坚守三尺柜台，李素丽坚守三尺票台，方永刚坚守三尺讲台，几十年如一日等等，无不以钉子精神为榜样，立足岗位，建功立业，感动中国。这充分说明，无论在什么时期，对于生命个体而言，钉子精神永远都不过时。

钉子之所以能钉进木板，就是因为瞄准目标（虽然很小）、锲而不舍。只有坚持在平凡岗位上，认真做好每一件小事才能成为时代的榜样。

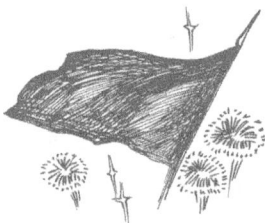

【 螺丝钉精神 】

识大体、顾大局，立足本职、忠于职守，不
斤斤计较个人得失、"拧在哪里就在哪里闪
闪发光"

"我愿永远做一个螺丝钉。"这是雷锋的名言。雷锋深
信："一滴水只有放进大海里才永远不会干涸，一个人只有
当他把自己和集体事业融合在一起的时候才能最有力量。"

2012年是雷锋逝世五十周年，毛泽东题词"向雷锋同
志学习"四十九周年。五十年的岁月中，雷锋的螺丝钉精
神熠熠生辉。从水电维修工徐虎，到公交车售票员李素
丽，再到鞍钢工人郭明义……他们多年坚守平凡岗位，甘
愿做"螺丝钉"，成为这个时代的精神标杆。

有人认为，螺丝钉精神是计划经济时代的产物，如今
在市场经济大潮中已"不合时宜"。其实不然，市场经济
体制下，社会充分尊重个人对职业和工作的选择，但仍然
需要螺丝钉精神。无论选择从事什么职业或工作，一旦做
出了选择，就应该忠于职守，做好自己的工作。

每个人内心深处都会有英雄主义的情节，都渴望着能

够有写进历史的传奇人生，很多人会受崇高的使命感的驱使，义无反顾地踏上征程。但现实生活更多的则是平平凡凡的人，平凡地生活着，平凡地工作着，在平凡的岗位兢兢业业、尽职尽责，为社会奉献一己力量。这才是对忠诚、敬业、立足本职、忠于职守的螺丝钉精神的真正考验。只有经受住了这种考验，才能在平凡的事业中创造人生的辉煌。

把个人理想同国家的前途、民族的命运有机结合起来，把个人的选择和社会的需要、人民的需要有机结合起来，在每一个工作岗位上都尽职尽责、不计较个人得失、"拧在哪里就在哪里闪闪发光"，这就是螺丝钉精神。

首届中国"十佳大学生村官"杨俊森对此深有体会："人生价值的体现不在于挣多少钱、当多大官，而在于对社会的贡献和群众的评价。不论什么时代，只要做一颗对社会有益的螺丝钉，我们的人生都无怨无悔。"

【 龙马精神 】

奋斗不止、自强不息的进取向上的民族精神

龙马：古代传说中形状像龙的骏马。龙马精神，就是像龙马一样，彰显健旺非凡的精神面貌。

龙马精神是中华民族自古以来所崇尚的奋斗不止、自强不息的进取向上的民族精神。祖先们认为，龙马就是仁马，它是黄河的精灵，是炎黄子孙的化身，代表了华夏民族的主体精神和最高道德。它身高八尺五寸，长长的颈项，显得伟岸无比。骨骼生有翅翼，翼的边缘有一圈彩色的鬃毛，引颈长啸，发出动听的和谐的声音。这是一种神采骏逸的形象，一种潇洒昂扬的身姿。

祖先们已经把龙马等同于纯阳的乾，它是刚健、明亮、热烈、高昂、升腾、饱满、昌盛、发达的代名词。《易经》中干脆说："乾为马"，它是天的象征又代表着君王、父亲、大人、君子、祖考、金玉、敬畏、威严、健康、善良、远大、原始、生生不息……这就是孔夫子在《周易·乾卦》中总结的那句中国人代代流传的最响亮的名言的由来："天行健，君子以自强不息！"这匹由民族的魂魄所生造出的龙马，雄壮无比，力大无穷，追月逐日，披星跨斗，乘风御雨，不舍昼夜。这正是中华民族战天斗地，征服自然的生动写照，是炎黄子孙克服困难，永远前进的生动体现，是中国人民不畏艰险，乐观向上的生命意义的反映。

龙马是中华民族精神的化身。龙马精神是鼓舞人们积极进取、不懈奋进的动力，是兴旺发达、繁荣昌盛的代名词。有了这种精神，中华民族必定会国泰民安、事业兴旺；有了这种精神，中国人民才会百折不挠，勇往直前。

【 铺路石精神 】

甘愿付出、不求索取、无私奉献

铺路石，默默无闻地居在人的脚下，踏实地工作，从春到冬，从无一丝怨言，为人们带来了行路的方便，无私奉献着，直到粉身碎骨的最后一刻。

铺路石精神，如铺路石一样，是默默无闻地承受压力，不屈不挠、无私奉献的精神。

牛玉儒，人民的孺子牛，背负着草原人民的幸福上路，兢兢业业地遵循着"位卑未敢忘忧国"的祖训。还有"冰山愈冷情愈热，耿耿忠心映雪山"的孔繁森，"健笔斥强权，英魂萦祖国"的邵云环，"把有限的生命投入到无限的为人民服务中去"的雷锋……还有千千万万依然奋战在各行各业一线的"铺路石"们，在他们的心中永远只有一个坚实的信念：为人民服务，甘当"铺路石"。

在我国交通运输行业，铺路石精神成为一种行业精神，是百万公里公路线上近百万名养路工的传统"家风"。靠着这种精神，几十年来，广大养路职工不畏自然气候环境的恶劣影响，不怕高山峡谷的千重万阻，不计较物质文化生活的艰苦和贫乏，爱业敬业，甘当铺路石。

铺路石是平凡而渺小的，然而，九层之台，起于垒土。正是一颗又一颗铺路石，夯实了基础。铺路石，平凡中凝聚着非凡，普通中闪现着绚丽。铺路石精神亦是如此。它如此质朴，没有惊天动地的壮举和荡气回肠的口号；它又如此生机勃勃，让人甘为大局牺牲小我，甘为他人提供臂膀，不怕苦、不怕累、不为名、不逐利，脚踏实地在平凡的岗位上做出不平凡的业绩。在中国，总有一批人甘愿做铺路石、甘愿付出、甘愿披荆斩棘去做探路者。

【 鲁迅精神 】

*最清醒的现实主义、俯首甘为孺子牛、硬骨
头精神*

鲁迅（1881—1936）中国现代伟大的文学家、思想家、革命家。青年时代受进化论思想的影响，1902年怀着寻求真理、找一条救国救民道路的强烈愿望到日本留学。想用自己精湛的医术拯救百姓生命服务大众。后来，看到反动统治日趋腐败，治病只能救一个人的性命，从事文学工作，一篇进步文章可能唤醒成千上万的民众，于是，他弃医从文，试图用进步思想改变国民精神。

鲁迅在最后十年，参加了"左联"的领导工作和革命互济会、中国自由运动大同盟、中国民权保障同盟等进步组织。他主编和与人合编了《语丝》、《奔流》、《前哨》等刊物，倡导文艺大众化运动和新兴木刻运动，培养了一大批青年作家，他以杂文为锐利武器同形形色色的文人进行了坚决的斗争。

毛主席总结了三点鲁迅精神：

政治远见。"他用显微镜和望远镜观察社会，所以看

得远，看得真"；

斗争精神。"他看清了政治方向，就向着一个目标奋勇地斗争下去，决不中途投降妥协"；

牺牲精神。"他一点也不畏惧敌人对于他的威胁、利诱与残害，他一点不避锋芒地把钢刀一样的笔刺向他所憎恨的一切。"

鲁迅精神的当代意义是：

最清醒的现实主义。鲁迅严厉批判了中国传统文化，但他是从现实情况出发，着眼于对后世的影响而定取舍，他广泛吸收而不失去自己思想的独立性。

俯首甘为孺子牛。这是鲁迅遗留给后人的座右铭。许广平在《欣慰的纪念》一书中透露：鲁迅讲自己好像一头牛，吃的是草，挤出来的却是奶、血。"孺子牛"精神表现为深怀爱心、默默耕耘、埋头苦干、任劳任怨、无私奉献，硬骨头精神。

鲁迅骨头最硬，斗争最坚决。毛泽东称颂"鲁迅的骨头是最硬的，他没有丝毫的奴颜和媚骨，这是殖民地半殖民地人民最宝贵的性格"。

鲁迅精神是中华民族的脊梁。

【 白求恩精神 】

国际主义精神、人道主义精神、毫不利己专门利人的奉献精神、对技术精益求精的职业精神

　　诺尔曼·白求恩（1890—1939），加拿大共产党员，国际著名的胸外科医师，伟大的国际共产主义战士。1936年德意法西斯侵犯西班牙时，他曾经亲赴前线为反法西斯的西班牙人民服务。1937年中国的抗日战争爆发，为了帮助中国人民的抗日斗争，白求恩于1938年初不远万里，突破重重阻挠，来到延安。同年4月，白求恩东渡黄河，前往晋察冀边区。他带着战地医疗队转战多个战场，冒着枪林弹雨，在极端艰难的环境中抢救了成千上万的伤病员，培养了大批的革命医疗战士，为中国人民的解放事业做出了重大贡献；同时，他还帮助八路军医护人员提高医疗水平，为部队培养了一批合格的医护工作者；白求恩对工作极端的负责任，对同志对人民极端的热忱，从而赢得了根据地的干部、战士和老乡的尊敬和爱戴。 1939年11月12日，白求恩在医治伤员时被感染，在河北唐县逝世。

毛主席得知白求恩牺牲的消息后，非常悲痛。12月1日在延安各界追悼白求恩的大会上，亲笔写了挽词："学习白求恩同志的国际精神，学习他的牺牲精神，责任心与工作热忱。"12月21日，毛泽东为八路军政治部、卫生部于1940年出版的《诺尔曼·白求恩纪念册》撰写《学习白求恩》一文（建国后编入《毛泽东选集》第二卷时，题目改为《纪念白求恩》），高度赞扬了白求恩的共产主义、国际主义精神，号召每一个共产党员向他学习：

一个外国人，毫无利己的动机，把中国人民的解放事业当作他自己的事业，这是什么精神？这是国际主义的精神，这是共产主义的精神。

白求恩同志毫不利己专门利人的精神，表现在他对工作都极端的负责任，对同志对人民都极端的热情。

我们大家要学习他毫无自私自利之心的精神。从这点出发，就可以变为大有利于人民的人。一个人能力有大小，但只要有这点精神，就是一个高尚的人，一个纯粹的人，一个有道德的人，一个脱离了低级趣味的人，一个有益于人民的人。

【 蜡烛精神 】

人生应该如蜡烛一样，从顶燃到底，一直都
是光明的

"春蚕到死丝方尽，蜡烛成灰泪始干。"这句名句之
所以能够传诵千古，正因为其赞扬的是蜡烛默默无闻、无
私奉献的精神，在燃烧中展现自己的价值，在追求中实现
自己的理想。

提到蜡烛精神，人们就会想到1927年被蒋介石秘密处
决的优秀共产党员萧楚女。"做人要像蜡烛一样，在有
限的一生中有一分热发一分光，给人以光明，给人以温
暖。"这是八十多年前萧楚女的"蜡烛人生观"，并以此
自励。

萧楚女（1891—1927），青年时期参加过辛亥革命。
五四运动后，开始接受马克思主义，参加恽代英在武汉创
办的利群书社，成为该社骨干。1922年夏加入中国共产
党，是中国共产党早期革命刊物的创办者之一。他曾在四
川兼任《新蜀报》的主笔，在上海协助恽代英编辑《中国
青年》，号召青年学习马克思主义，积极投身革命斗争。

他曾赴河南协助中共豫陕区委书记王若飞工作，主编党的机关报《中州评论》。他也曾在大革命时期的广州，协助毛泽东编辑过《政治周报》。他的文章笔锋犀利，战斗性很强，在社会各界影响很大。1926年5月，毛泽东在广州举办第六届农民运动讲习所，萧楚女任专职教员。

1926年10月萧楚女到黄埔军校任政治教官，参加指导全校的政治工作，是黄埔最受欢迎的政治教官之一。1927年春，蒋介石向革命者举起了屠刀，4月15日萧楚女被反动军警抓走关进监狱。7天后，蒋介石便电令将年仅34岁的萧楚女秘密处决于南京石头城监狱。

萧楚女生前在农讲所和黄埔军校时经常形象地自喻是以宁愿毁灭自己来照亮别人的"蜡烛"，启发学生在有限的一生中发出光与热，给人以光明与温暖。萧楚女倡导的"蜡烛精神"至今仍然在激励着一代又一代的共产党人。

【 骆驼精神 】

不辞重负奋力前行

"无边瀚海人难度，端赖驼力代客船"。被誉为"沙漠之舟"的骆驼，因为能吃苦耐劳、坚韧不拔、勇于负重而受到人们的喜爱和推崇。有位哲人说过，骆驼有两种精神：一是，相信沙漠的那边是绿洲；二是，一步一个脚印，走向希望的绿洲。为了一个目标，骆驼没有恐惧、没有厌倦、没有躁动、没有委屈、没有怨恨、没有回头，它们稳稳健健地、一步一个脚印地走向前方，走向绿洲，走向希望。

被誉为"骆驼精神"的代表人物是中国共产党和中国人民解放军的卓越领导人任弼时（1904—1950），任弼时对事业和工作恪守着"能坚持走一百步，就不该走九十九步"的准则，把自己比作一峰骆驼，驮负着民族和阶级的希望，负重远行。

任弼时担任中央秘书长时，正值陕甘宁边区经济最困难的时候，党中央号召军民开展大生产，任弼时以身作则，并向三五九旅的王震旅长要了一部纺车。他在工作之余，就像村妇一样盘腿而坐，练习纺线，成绩提高很快。

1943年，他参加中央机关在杨家岭举行的军民纺线比赛，获得了第一名。任弼时的骆驼精神还表现在他历来注意调查研究，严格尊重事实，对具体问题进行具体分析，坚持实事求是。他头脑冷静，思维缜密，办事细致周到，善于正确解决复杂的重大问题。任弼时为人正直，对同志严格要求，又循循善诱，公道正派，不分亲疏，从而得到干部、群众的普遍尊敬和爱戴。

任弼时长期抱病工作，过度劳累使病情突然加重，1950年10月27日在北京逝世，终年46岁。任弼时同志逝世后，党中央高度评价他的"骆驼精神"，毛泽东同志号召全党向他学习。

时代在变，中国人追求不能变；形势任务在变，弘扬吃苦耐劳、坚韧不拔、勇于负重的"骆驼精神"不能变。适逢中国继续推行改革开放的历史时期，每一个中国人都应该像骆驼那样，用自己不辞重负奋力前行的精神，向一切困难发起挑战，坚定理想信念，克服一切困难，走向胜利的阶梯。

【 大无畏精神 】

把生死置之度外谓之"大无畏";
面对屠刀与诱惑,没有丝毫的奴颜和媚骨;
面对困难险阻不退却,挺身而出

　　实现某种理想,有时需要舍弃一些东西,甚至包括生命,这就是大无畏精神。

　　南宋末年,文天祥在广东兵败被元军俘虏,被带往北方囚禁,途中经过零丁洋,写了"过零丁洋"诗来抒发国破家亡的抑郁。其诗的下半阕如下——"惶恐滩头说惶恐,零丁洋里叹零丁。人生自古谁无死,留取丹心照汗青"。其后,文天祥始终不被任何威迫利诱打动,慷慨赴义!

　　"人生自古谁无死,留取丹心照汗青"成为大无畏精神的写照。

　　中国历史上曾有过无数可歌可泣的民族英雄壮举,如岳飞、文天祥、史可法、谭嗣同……他们在艰苦卓绝的情况下,与国家和民族同呼吸、共命运,一起受难,并在精神上为民族抗战作出了巨大贡献。

　　在全民抗战的峥嵘岁月中,中国人民面对强敌,面对各种艰难困苦，把中华民族不畏强暴、不怕困难的传统升华为敢于斗争、敢于胜利的大无畏革命精神，克服了一个又一个无法想象的困难，最终打败了穷凶极恶的日本侵略者。

新中国成立后，中国人民凭着大无畏精神，战天斗地，进行社会主义建设，反对霸权主义，维护中华民族的尊严，才有今天祖国的繁荣富强，才能在瞬息万变的复杂国际环境中巍然屹立在世界的东方。

作为中国传统文化的主导精神，大无畏精神一直激励着中华民族前行。

【 三过家门而不入精神 】

舍小家为大家的大公无私精神

　　三过家门而不入，这是大禹治水中发生的故事。《孟子·滕文公上》载，"禹疏九河……八年于外，三过家门而不入"。

　　为了治水，大禹曾三过家门而不入。第一次经过家门时，听到他的妻子因分娩而在呻吟，还有婴儿哇哇的哭声。助手劝他进去看看，他怕耽误治水，没有进去；第二次经过家门时，他的儿子正在他妻子的怀中向他招着手，这正是工程紧张的时候，他只是挥手打了下招呼，就走过去了。第三次经过家门时，儿子已长到十多岁了，跑过来使劲把他往家里拉。大禹深情地抚摸着儿子的头，告诉他，水未治平，没空回家，又匆忙离开，没进家门。

　　大禹三过家门而不入的事迹感动了老百姓，人们都踊跃参加治水工程，大禹带领治水大军相继疏通了黄河、长江、淮河、济水、汉水、颍水等大小几百条河流，经过十几年的奋斗，使水有水道，陆有大路，老百姓都回到自己家乡，重建家园，男耕女织，过上了安居乐业的生活。这时，大禹才回到嵩山和亲人团聚，乡亲们也敲锣打鼓地欢迎大禹这位治水英雄。

大禹的这种大公无私的精神，受到了民众的赞扬，也为舜所重视。所以舜在晚年举荐禹为继承人，并把首领的位置禅让给禹。

三过家门而不入的舍小家为大家的大公无私精神成为中华民族优秀的传统精神，一直为后人学习和敬仰。

【 新儒商精神 】

以义取利、以利济世、济人

　　经过长期儒家思想的熏陶，出现了以儒家文化为行为
准则商人，就是儒商。它的概念是一种讲究"诚信"、
"中庸"、"仁爱"、"立人"、"达人"的哲学，能够
照顾各方面的利益，获得各方面的支持，而真正担当起促
进共同繁荣的发展重任的企业家。

　　儒商是以儒家理念为指导、从事商品经营活动的商
人，是把"儒"和"商"相结合的"商"，即把"商"的
职业和"儒"的伦理品种结合起来的市场经济的经济活动
主体，儒商与一般商人最本质的区别就是非常重视商业道
德，不义之财不取。儒商有广义和狭义之分：从狭义说，
是指以儒家学说作为行为准则的商人；从广义说，是指具
有中国传统文化兼收儒、道、墨、法、兵家之长的商人。

　　随着21世纪的进程，人类面临着种种困难和挑战，新
儒商概念由此诞生，即秉承中国传统人文美德，融汇西方
优秀文化成果，具有现代化管理意识的商人。更进一步
说，新儒商就是志存高远，讲诚信，重道义，义利结合，

注重休闲养生之道，勇于竞争和善于竞争，具有全球化视野和创新精神，是把中国国学智慧和西方现代管理融会贯通，追求和谐发展的新一代儒商企业家。新儒商必须摒弃宗法性、行会性等缺陷，超越地域的狭隘性，应秉承儒家传统美德，具有全球化视野和现代化管理意识的商人。

新儒商新具备的条件：有文化、讲道德、善理财、会管理、创效益，并且能发现问题、解决问题，还具有现代意识、区域意识、全球意识、危机意识等，具有综合创新能力的商人或企业家。

新儒商应具备的精神：君子爱财，取之有道的金钱观；善抓机遇，科学决策的经营观；突破现状，推陈出新的发展观；求贤若渴、知人善用的人才观；以人为本，协调人际的管理观；修身养性，时尚健康的生活观；顾客第一、服务至上的营销观。

倡导一种"道德高尚才能兼备社会责任"的新儒商精神，培养同时具有中国传统美德和现代化管理素质的新儒商群体，是相当重要和急迫的。

陆

【 城市精神 】

　　一个国家需要拥有伟大的民族精神，一个城市同样需要有自己的城市精神。

　　城市精神是一座城市的灵魂，是一种文明素养和道德理想的综合反映，是一种意志品格与文化特色的精确提炼，是一种生活信念与人生境界的高度升华，是城市市民认同的精神价值与共同追求。

　　城市精神对城市的生存与发展具有巨大的灵魂支柱作用、鲜明的旗帜导向作用与不竭的动力源泉作用。城市精神譬如一面旗帜，凝聚着一座城市的思想灵魂，代表着一座城市的整体形象，彰显着一座城市的特色风貌，引领着一座城市的未来发展。一座城市没有精神，就没有灵魂，就没有准确的核心理念定位，就没有奋勇争先的精神动力源泉。只有打造出自己的城市精神，才能对外树立形象、对内凝聚人心，使全市上下团结一致、共谋发展。

　　近年，全国各地涌现了许多城市精神表述语：

　　河北省：坚韧质朴　重信尚义　宽厚包容　求实创新

江苏省：创新、创业、创优

吉林省：同舟共济，激流勇进

广东省：敢为人先，务实进取，开放兼容，敬业奉献

内蒙古自治区：活力、人文、和谐

北京：爱国、创新、包容、厚德

上海：海纳百川、追求卓越、开明睿智、大气谦和

南京：开明开放，诚朴诚信，博爱博雅，创业创新

南宁：能帮就帮　敢做善成

重庆：重山重水　重情重义

无锡：尚德务实，和谐奋进

常州：勤学习、重诚信、敢拼搏、勇创业

杭州：精致和谐，大气开放

宁波：诚信、务实、开放、创新

青岛：诚信、博大、和谐、卓越

济南：诚信、创新、和谐

泰安：勇攀高峰，自强不息

汕头：海纳百川，负重图强

深圳：开拓创新，诚信守法，务实高效，团结奉献

石狮：团结、自强、务实、奉献

泉州：求是、团结、务实、创新

长沙：心忧天下，敢为人先

大连：创造、创业、创世

抚顺：不懈奋斗，无私奉献

成都：和谐包容，智慧诚信，务实创新

西充：充而思充，求新求美

唐山：感恩、博爱、开放、超越

郑州：博大　开放　创新　和谐

苏州：崇文、融和、创新、致远

南昌：大气、开放、诚信、图强

荆州：筚路蓝缕、和衷共济、励精图治、发愤图强

太原：兼容　和谐　诚信　卓越

广州：务实　求真　宽容　开放　创新

昆明：春融万物　和谐发展　敢为人先　追求卓越

长春：宽容大气、自强不息

徐州：承两汉雄风，集南北大成；展英雄气概，铸徐州辉煌。

温州：自强不息　自主改革　自担风险　自求发展（1993年）；敢为天下先　特别能创业（1998年）；敢为人先　民本和谐（2005年）。

九江：融汇九川　敢为人先　勇创实干　追求卓越

新乡：厚善　崇文　敬业　图强

太仓：书承七录船系五洲　毓秀钟灵人争上游

海门：海纳百川　强毅力行

慈溪：慈惠三北　溪通四海

昆山：开放融合　创新卓越

张家港：团结拼搏　负重奋进　自加压力　敢于争先

安阳：文明和谐　创新超越

鹤岗：创业发展　包容和谐　竞争图强　捷径敢超

襄樊：淡泊明志　宁静致远

金阊：精致卓越　和合昌明

【 延安抗大精神 】

为崇高理想英勇奋斗

延安抗大精神简称为抗大精神。

为了给抗日战争造就一大批杰出人才，中国共产党延安时期曾先后创办了20多所院校，其中办得最早、最有名的两个学校，一个是中共中央党校，另一个就是抗大。

1937年，党中央进驻延安城，抗大也从保安县与中央机关一起迁到延安城内。1938年3月，在抗大成立3周年之际，毛泽东到抗大演讲。他提出抗大的教育方针是：坚定正确的政治方向、艰苦朴素的工作作风和灵活机动的战略战术。5月，他再一次去抗大，又给抗大题写了八个字的校训：团结、紧张、严肃、活泼。

抗大的学习和生活条件十分艰苦，"认字就在背包上，写字就在大地上，课堂就在大路上，桌子就在膝盖上"是当时情况的写照。但是，虽然学习、生活非常艰苦，因为大家有理想，有目标，受远大的革命志向和崇高共产主义理想的鼓舞，所以抗大到处洋溢着朝气蓬勃、愉快向上的欢乐气氛。所以，当时来到延安的人，中途逃跑变节者极少，绝大多数后来都成为革命的骨干力量。

　　延安后来办起了许多干部学校，成为革命的大熔炉。在这个大熔炉里，党始终把坚定正确的政治方向放在第一位，坚持用马列主义、毛泽东思想把成千上万的革命青年培养、锻炼成为全心全意为民族、为社会的解放而英勇奋斗的抗日干部和共产主义战士。

【 西南联大精神 】

刚毅坚卓、爱国、自由与民主、团结、
苦干实干

1937年北京大学、清华大学、南开大学被迫南迁，先是南下长沙，成立"国立长沙临时大学"。1937年11月1日，国立长沙临时大学开始上课。但不到两个月，南京陷落，武汉、长沙为之震动。长沙临时大学被迫再度南迁昆明，成立"国立西南联合大学"。

西南联大除了继承北大、清华、南开精神，还根据西南联大所处的抗战时代的要求和自身的发展需求，有选择、有针对性地培育和发展了新的精神。

刚毅坚卓：这是在抗战时代背景下对三校精神传统的最具共性的继承和弘扬。首先体现了西南联大人在艰苦条件下，为成就学术救国、以文化振兴民族的大业而克服一切困难，对苦干、实干精神的继承和弘扬。西南联大的基本精神——民主、自由团结、实干、严谨等，都是在"刚毅坚卓"精神的支撑下才得以不息不绝并不断壮大的。

爱国精神：师生面对严重的民族危机，坚定、勇敢地投入到学术救国的行列中，以自己的知识才华报效祖国。

自由与民主：冯友兰写道，"联合大学以其兼容并包之精神，转移社会一时之风气，内树学术自由之规模，外来民主堡垒之称号"，可以说是对西南联大自由与民主精神的一个概括。在西南联大，形成了"自由研究、自由讨论是教育的主要方法，尊重个性、尊重人格是教育的主要目标"的风气。

团结精神：在那个时代背景下，师生之间团结紧密、互帮互助、风雨同舟。在同一个沟中躲避空袭，在同一口锅里吃饭吃菜……战争密切了全体师生的情感。

苦干实干：在艰难困苦的条件下，联大教师薪资发放不足，货币又严重贬值，但联大的教师们没有忘记文化救国的责任坚守着学术阵地。

仅存在九年的西南联大，却成为中国教育史上爱国、进步、奉献精神的丰碑。

【 北大精神 】

思想自由、兼容并包

    北京大学创办于1898年，初名京师大学堂，是我国近代第一所国立综合性大学，当时既是中国的最高学府，也是中国最高的教育行政机关。1912年5月，京师大学堂改名北京大学，著名的教育家、启蒙思想家严复出任北京大学第一任校长。1916年12月，蔡元培出任校长，实行"兼容并包、思想自由"的治学理念，北大是"五四"新文化的发源地，又是我国文化的最高学府，蔡先生对这个宗旨是这样表述的，"循'自由思想'原则，取兼容并包主义"。另外还有："夫大学者，囊括大典、网罗众家之学府也。"

    对于蔡元培"思想自由、兼容并包"的方针，陈独秀作了精当的诠释。他说："北京大学教员中，像崔怀庆、辜汤生、刘中叔、黄季刚四位先生，思想虽说是旧一点，但是他们都有专门学问，和那班冒充古文家、剧评家的人不可同日而语。蔡先生对于新旧各派兼收并蓄，很有主义，很有分寸，是尊重讲学自由，是尊重新旧一切正当学术讨论的自由；并不是毫无分寸，将那些不正当的猥亵小说，捧角剧评和荒唐鬼怪的扶乩剑侠，毫无常识的丹田术数，都包含在内。""他是对于各种学说，无论新旧都有讨论的自由，不妨碍他们个性的发达；至于融合与否，乃听从客观的自然，并不是在主观上强求他们的融合。我想蔡先生的兼收并蓄的主义，大概总是如此。"

"思想自由，兼容并包"的方针成为各种学术思想在北大存在发展的好土壤，新文化运动的健将们如陈独秀、李大钊、鲁迅等在北大得以展开思想的翅膀，让北大成为新文化运动、五四运动的发祥地和传播中心。这些对中国文化的发展方向产生了重大影响的思想文化运动，不仅促进了马克思主义在中国的传播，还使北大成为了中国共产主义运动的摇篮。

【 浙大精神 】

求是精神——百年浙大之魂

　　浙江大学的前身是成立于1897年的求是书院，为中国人自己最早创办的高等学府之一。1928年更名为国立浙江大学。中华民国时期，浙江大学曾为中国最顶尖的几所大学之一，被英国著名学者李约瑟称誉为"东方剑桥"。

　　竺可桢曾对"求是精神"进行诠释："所谓求是，不仅限为埋头读书或是实验室做实验。求是的路径，中庸说得最好，就是'博学之、审问之、慎思之、明辨之、笃行之'。单是博学审问还不够，必须深思熟虑，自出心裁，独著只眼，来研辨是非得失。既能把是非得失了然于心，然后尽吾力以行之，诸葛武侯所谓'鞠躬尽瘁，死而后已'，成败利钝，非所逆睹。"

　　新中国成立以来，特别是在改革开放以来，浙江大学的历任领导人在继承和发扬求是精神的基础上，特别强调在新的历史条件下的开拓创新精神。目前，浙江大学逐渐形成了"实事求是，严谨踏实，奋发进取，开拓创新"的优良校风。

1988年5月5日，由路甬祥校长主持的校务会议决定以"求是创新"为新时期浙江大学校训。这是浙江大学为了适应迅猛发展的现代科技和社会需求做出的正确决策，是对求是精神的发扬光大。

　　2010年6月26日，温家宝来到浙江大学图书馆，面对浙大师生对浙大校训进行诠释："务求实学，存是去非"。

　　1998年9月15日，浙江大学、杭州大学、浙江农业大学和浙江医科大学这4所同源同根的学校为了一个共同的奋斗目标，重新合并组建新的浙江大学。这是20世纪中国高等教育管理体制改革和布局调整的示范工程。浙江大学成为目前我国办学规模最大、学科覆盖面最广的高层次综合性大学。

图书在版编目(CIP)数据

中华精神/水中石编著. —上海:上海人民出版社,
2012
　ISBN 978-7-208-10966-7

　Ⅰ. ①中… Ⅱ. ①水… Ⅲ. ①中华民族—民族精神
Ⅳ. ①C955.2

　中国版本图书馆 CIP 数据核字(2012)第 216656 号

世纪文景出品
Century Literature

出 品 人　邵　敏
责任编辑　林　岚
封面装帧　│ Topman Design　五行人平面艺术设计
　　　　　　　　　　　　　TEL:021-64750887

中华精神
水中石 编著

世纪出版集团
上海人民出版社出版
(200001　上海福建中路 193 号　www.ewen.cc)
中国图书进出口上海公司发行
字数 96000
ISBN 978-7-208-10966-7/G·1540